前田式 韓国語中級文法トレーニング

前田真彦

アルク
www.alc.co.jp

まえがき

　안녕하십니까? 前田真彦(まえだただひこ)と申します。
　ようこそ、私の教室へおいでくださいました。
　みなさんは、これまで韓国語をどのくらい勉強されたでしょうか。韓国語の学習方法やレベルは、人によって千差万別です。話せないけれど読める人、読めないけれど話せる人、ドラマなら聞き取れる人……。みなさんはどんなタイプでしょうか。
　初級からステップアップしたい人、基礎的な文法力に不安を感じている人、自分の韓国語能力に偏りがあるけれど、どうしていいかわからない人……。この本は、そういう人たちに向けて作りました。読解文と会話文を通じて基本的な文法を繰り返し確認し、韓国語の「読む・書く・聞く・話す」の４技能が、しっかり身につくよう構成してあります。
　中級学習の中心は、大きく３つにわけることができます。

①用言の活用　②文末表現　③発音変化

　特にこの３つを意識して本文と解説を作っています。また、取り上げた話題も、韓国の文化理解のヒントになるような内容を選んでいます。
　一人で学習していると、孤独を感じ、実際よりも文法を難しく感じてしまうことがあります。本書の解説は、受講生のみなさんにやさしく、時に熱っぽく語るように書いてあります。実際の授業で、一緒に勉強しているような気分を感じてもらえれば幸いです。また、付属のCDには、各レッスンのスクリプトを収録しています。標準的なソウル言葉を使い、自然なスピードで録音したので、くりかえし聞いて練習してください。
　よく「ぼろぼろになるまで繰り返し」勉強せよ、などと言いますが、本書は「カラフルに」勉強してほしいと思います。色ペン、蛍光ペン、付箋を大いに活用して、みなさんだけの、にぎやかな本に仕上げてください。
　書き込めば書き込むほど愛着がわき、記憶につながります。通勤電車の中などどこにでも持ち歩いて、細切れの時間を活かして勉強してください。
　基礎をしっかり固めて、中級、そして上級へステップアップしましょう。
　자, 그러면 수업을 시작하겠습니다.

本書の使い方

PART 1　中級文法トレーニング

24のレッスンは、「読解問題」と「聞き取り問題」に分かれています。

■ 読解問題

まずはCDを聞かずに、本文を読み、Q1「基本問題」にチャレンジしてください。Q2の「力だめし発展問題」は、本文に出てきた文法・語法を使った応用問題です。

■ 聞き取り問題

CDを聞いて、Q1「聞き取り問題」に答えましょう。テストではないので、わからなければ何度でもCDを聞いてください。次は、本文のスクリプトを見て、CDを真似して声に出して読みながら、Q2「基本問題」、そしてQ3「力だめし発展問題」を解きましょう。

■ 解説

解説の冒頭には、本文の全文を掲載してあります。空欄などは一切ないので、問題を解いた後は、CDを聞きながら、何度も声に出して読んで、本文を丸暗記してしまいましょう。解説の各項目は、これを読むだけでも十分な勉強になります。例文ひとつひとつ、やはり声に出して何度も読み、覚えてください。色ペンや、マーカーなどを使って自分だけのカラフルな文法書を作ってください。

PART 2　文法・単語要覧

■ 基礎固め韓国語文法便覧

24のレッスンに出てきた文法・語法・発音項目を、簡潔な説明でまとめてあります。一通り学習が終わったら、空欄を埋めて便覧を完成させ、余白にメモを書き足したりしてオリジナルの文法便覧を作ってください。

■ 四字熟語・ことわざ

本文では紹介できなかった、よく使う四字熟語とことわざをまとめました。

■ 暗記と整理のための必須単語集

各レッスンに出てきた単語の中から、ぜひ覚えたい単語をまとめてあります。声に出してリズミカルに読んで、全部暗記してしまいましょう。

前田式韓国語中級文法トレーニング　目次

はじめに ……………………………………………………………… 2
本書の使い方 ………………………………………………………… 3
知っておきたい文法用語 …………………………………………… 6

PART 1　中級文法トレーニング

		ここがポイント！	
Lesson1	スキー	用言の活用 ……………	8
Lesson2	入学式	-기로 하다と-려고 하다 …	16
Lesson3	食事	時刻の表現 ……………	24
Lesson4	自己紹介	疑問表現 ………………	32
Lesson5	日本からの友人	副詞表現「とても」………	40
Lesson6	卒業式のニュース	方向・位置 ……………	48
Lesson7	夏休みのニュースレポート	二重パッチム …………	56
Lesson8	出産ニュース	伝聞・引用表現 ………	64
Lesson9	ピクニック	ことわざ ………………	72
Lesson10	清渓川	-아/어지다 ……………	80
Lesson11	ハングルの日	進行形の例外 …………	88
Lesson12	試験勉強	故事成語 ………………	96
Lesson13	『韓国語ジャーナル』を読みましょう！	使役・受身 ……………	104
Lesson14	母への手紙	「いつも」………………	112
Lesson15	正月のトックッ	原因・理由 ……………	120
Lesson16	三・一独立運動	-아/어하다 ……………	128

Lesson17	韓国人は「방」が好き	用言の連体形	136
Lesson18	キムチチゲの作り方	-을래요と-을까요	144
Lesson19	日記「農村体験学習」	推量表現	152
Lesson20	眼鏡店にて	尊敬表現	160
Lesson21	1000ウォンキムパプ	可能表現	168
Lesson22	レポート提出	命令・依頼表現	176
Lesson23	腕を組む文化	「〜になる」	184
Lesson24	家で作るピビンパ	接続詞	192

PART 2　文法・単語要覧

- 基礎固め韓国語文法便覧 ……………………………………… 204
- 覚えておきたい四字熟語 ……………………………………… 227
- 使いたいことわざ20 …………………………………………… 228
- 暗記と整理のための必須単語集 ……………………………… 230

- あとがきにかえて ……………………………………………… 238

知っておきたい文法用語

　本書の解説を読むうえで、確認しておきたい文法用語をまとめておきます。「用言」「体言」「語幹」といった言葉は頻繁に出てくるので、覚えておきましょう。

■ 用言
　動詞、形容詞、指定詞、存在詞のことです。

■ 体言
　名詞と代名詞のことです。

■ 指定詞
　名詞につく用言「이다」(〜だ)と「아니다」(〜ではない)のことです。

■ 存在詞
　用言「있다」(いる・ある)、「없다」(いない・ない)のことを、存在詞と呼びます。

■ 活用
　用言の末尾が、後への文の続き方によって形を変えること。

■ 陽母音・陰母音
　母音のうち「ㅏㅑㅗㅛ」を陽母音、「ㅓㅕㅜㅠㅡㅣ」を陰母音といいます。

■ 語幹
　「먹다」の「먹」のように、用言のうち活用しない部分を語幹といいます。ㄹパッチムで終わる語幹はㄹ語幹といい、特殊な活用をするので、注意が必要です。

■ 합니다体・해요体
　합니다体は「합니다」、「습니다」など「ㅂ니다」で終わる文体を、해요体は「해요」、「이에요」など「요」で終わる文体を指します。

PART1

韓国語中級文法トレーニング

training for intermediate Korean grammar

Lesson 1　スキー

★POINT!
ここがポイント！　用言の活用

　最初はまず基礎の確認からいきましょう。ごく基本的なことから、丁寧に確認していきます。読解問題は、まず問題を解き、それから、解説ページを見て本文を声に出して読みます。声を出して文章を読む――これが約束です。動詞の活用や例文、すべて声に出して読みましょう。그럼 시작합시다. では、始めましょう。

読解にチャレンジ

　ア. 올해 겨울은 아주 춥고 눈이 많이 내리고 있습니다. 다음 주에 저 (①　　) 친구들 (②　　) a. 같이 스키장에 갑니다.

　스키는 イ. 일본처럼 한국에서도 인기 있는 스포츠입니다. 강원도나 전라북도 등 전국 각지에 스키장이 있습니다. 요즘은 스키 (③をしに) 일본이나 유럽에 가는 사람도 많이 있습니다. 그래서 스키장에는 눈뿐만 아니라 사람들도 많이 있을 겁니다. 저는 스키 (④をしながら) b. 즐겁다 시간을 보내고 싶습니다. 빨리 스키장에 가고 싶습니다.

Q1 本文をよく読んで、次の問いに答えなさい。　**基本問題**

1. 本文の内容と一致するものを選びなさい。
　　a. 今年の冬はとても寒い。　　b. 今年の冬は寒くない。
　　c. 今年の冬は雪が少ない。　　d. スキー場に雪は少ない。

Lesson 1

2. 本文の内容と一致するものを選びなさい。
　　a. 저는 스키장에 갔습니다.　　b. 저는 다음 주에 스키장에 갑니다.
　　c. 저는 스키장에 가지 않습니다.　d. 친구는 스키장에 가지 않습니다.

3. ①に当てはまる助詞を選びなさい。
　　a. 를　　b. 는　　c. 가　　d. 에게

4. ②に当てはまる助詞を選びなさい。
　　a. 와　　b. 과　　c. 이　　d. 을

5. 本文の下線部 a. 같이の発音を、発音通りにハングルで書きなさい。
　　(　　　　　　　　　　　　)

6. ③・④を、韓国語に訳しなさい。

　　③ _____

　　④ _____

7. 下線部 b. の単語を、適切な形に活用させなさい。
　　(　　　　　　　　　　　　)

8. 下線部ア・イを日本語に訳しなさい。

　　ア. _____

　　イ. _____

Q2 次の問題に答えなさい。　　力だめし発展問題

1. 次の単語を韓国語に訳しなさい。

　　春 (　　　　　)　夏 (　　　　　　)

　　秋 (　　　　　)　冬 (　　　　　　)

2. 次の表を完成させなさい。

日本語	韓国語
行く（原形）	가다
行きます（해요体）	
行きました（합니다体）	
行けば	
行きません（안／해요体）	
行きませんでした（-지 않다／합니다体）	

日本語	韓国語
ある（いる）	
あります（해요体）	
ありました（합니다体）	
あれば	
ありません（해요体）	
ありませんでした（합니다体）	

3. 次の各文を、カッコ内の表現を使って韓国語に訳しなさい。

【-ㄹ／을 것이다：〜だろう】

a. もうすぐ授業は終わるでしょう。[좀／합니다体]

_____

【-고 싶다：〜したい】

b. キムチを食べたいです。[해요体]

_____

【-겠-：意思を表す】

c. 私は慶州（경주）に行きます。[합니다体]

_____

【춥다】

d. 昨日は寒かったです。[합니다体]

_____

Let's Read! タイムを計りながら本文を音読し、それぞれタイムを記入しなさい。（目標タイム：40秒）

1回目	2回目	3回目	4回目	5回目	6回目	7回目	8回目	9回目	10回目

答え合わせ Lesson 1

基本問題

Q1
1. a 2. b 3. b 4. b 5. 가치 6. ③를 타러 ④를 타면서 7. 즐거운
8. ア. 今年の冬はとても寒く、雪がたくさん降っています。
   イ. 日本と同様韓国でも人気のあるスポーツです。

力だめし発展問題

Q2
1. 春 봄 / 夏 여름 / 秋 가을 / 冬 겨울
2.

日本語	韓国語
行く（原形）	가다
行きます（해요体）	가요
行きました（합니다体）	갔습니다
行けば	가면
行きません（해요体）	안 가요
行きませんでした（-지 않다／합니다体）	가지 않았습니다

日本語	韓国語
ある（いる）	있다
あります（해요体）	있어요
ありました（합니다体）	있었습니다
あれば	있으면
ありません（해요体）	없어요
ありませんでした（합니다体）	없었습니다

3. a. 좀 있으면 수업은 끝날 것입니다. b. 김치를 먹고 싶어요.
   c. 저는 경주에 가겠습니다. d. 어제는 추웠습니다.

日本語訳

今年の冬はとても寒く、雪がたくさん降っています。
来週私は、友達と一緒にスキーに行きます。
スキーは、日本と同様韓国でも人気のあるスポーツです。江原道や全羅北道など、全国各地にスキー場があります。最近は、スキーをしに日本やヨーロッパへ行く人も大勢います。ですから、スキー場には雪はもちろん、人も多いでしょう。私はスキーをして楽しい時間を過ごしたいです。早くスキー場に行きたいです。

● 単語をおさらい

올해	今年	아주	とても	춥다	寒い	눈	雪
내리다	降りる／降る	친구	友達	스키장	スキー場	인기	人気
스포츠	スポーツ	전국	全国	각지	各地	유럽	ヨーロッパ
보내다	送る／過ごす	빨리	早く	수업	授業		

前田先生の解説　Lesson 1

> CDを聞きながら、本文をもう一度音読してみましょう。
>
> 올해 겨울은 아주 춥고 눈이 많이 내리고 있습니다.
> 다음 주에 저는 친구들과 같이 스키장에 갑니다.
> 스키는 일본처럼 한국에서도 인기 있는 스포츠입니다. 강원도나 전라북도 등 전국 각지에 스키장이 있습니다. 요즘은 스키를 타러 일본이나 유럽에 가는 사람도 많이 있습니다. 그래서 스키장에는 눈뿐만 아니라 사람들도 많이 있을 겁니다. 저는 스키를 타면서 즐거운 시간을 보내고 싶습니다. 빨리 스키장에 가고 싶습니다.
>
> 網かけの部分は、解説がある表現です。

시작이 반이다 (はじめが半分) という言葉があります。始めればもう目的の半分は達成されたという意味です。本当にその通りです。みなさんの韓国語の力はどんどんついていきます。最初が肝心とも言います。声を出して繰り返し読む習慣をまず身につけてください。解説の例文も声を出して読んでくださいね。

Q1-4.
와/과

意味としてはaの「와」でもbの「과」でもいいですが、この文ではbの「과」が正解です。なぜなら母音で終わる名詞には「와」を、パッチムで終わる名詞は「과」を使うからです。「는/은」、「가/이」、「를/을」のように、助詞の多くはパッチムで終わる名詞の後には母音で始まるものを使いますが、「와/과」は逆なので注意が必要です。

Q1-5.
口蓋音化
같이

パッチム「ㄷ、ㅌ」に「이」または「히」が続いた場合、「ㄷ」は [ㅈ]、「ㅌ」は [ㅊ] の音に変化するため、같이は [가티] ではなく [가치] と発音します。これを、口蓋音化と言います。

Q1-6.
〜를/을 타다

「スキーをする」は「스키를 하다」ではなく「스키를 타다 (スキーに乗る)」という表現を使います。スケートも同様に「乗る」を使うので注意しましょう。「전철을 타다 (電車に乗る)」、「자전거를 타다 (自転車に乗る)」と同様、乗り物として表現するのが、興味深いところです。

　　　　　스케이트를 잘 타시네요.　スケート、お上手ですね
　　　　　　　　　　(スケート上手に乗られますね)

用言の活用の基本を完璧にしましょう。変則用言の活用はこの土台の上に載せますから、基礎はしっかりとかためておきたいものです。自信がなければいつでも、このページに戻って、確認してください。なお、問題では否定の表現も練習しました。否定表現については、Lesson 3 や Lesson 6 で勉強します。

Q2-2.
用言の活用

現在形　　　　　　　　　　　　　過去形

가다　가 + 아요 → 가요　　　　 갔 + 았어요 → 갔어요　　（해요体）
　　　　└陽母音　　　　　　　　　└陽母音

　　　가 + ㅂ니다 → 갑니다　　가 + 았습니다 → 갔습니다　（합니다体）
　　　　└母音語幹　　　　　　　　└母音語幹

먹다　먹 + 어요 → 먹어요　　　먹 + 었어요 → 먹었어요　　（해요体）
　　　　└陰母音　　　　　　　　　└陰母音

　　　먹 + 습니다 → 먹습니다　먹 + 었습니다 → 먹었습니다（합니다体）
　　　　└子音語幹　　　　　　　　└子音語幹

하다 → 해요　　　　　　　　　했어요　　　　　　　　　　（해요体）
　　　　└하다用言　　　　　　　　└하다用言

　　　하 + ㅂ니다 → 합니다　　했습니다　　　　　　　　　（합니다体）
　　　　└하다用言　　　　　　　　└하다用言

過去を強調する時は、過去の었を重ねて

　　　했었습니다　　했었어요

とすることもあります。

ところで、表には否定表現も入れておきました。「안否定」と「-지 않다否定」という、2種類の否定表現は、正しく書くことができたでしょうか。「안否定」は主に口語で使われ、「-지 않다否定」は、やや硬い言い回しです。否定表現については、Lesson 3 で、少し詳しく解説します。まずは、覚えているか確認しておいてください。

否定表現
→Lesson3、
**　Lesson6**

「〜するだろう」という推量表現です。「〜するつもりです」のように、意志を表す意味でも使いますが、「-겠-」ほど強くはありません。推量表現については、Lesson19で改めて勉強します。なお、「-ㄹ/ 을 것이다」の것は濃音化させて「껏」と発音します。

Q2-3-a.
-ㄹ/을 것이다
推量表現
→Lesson19

Q2-3-a. 좀 있으면

この部分の直訳は「しばらくいたら」。そこから、「もうすぐ」「まもなく」の意味で使われています。「もうすぐ」や「まもなく」を表す韓国語には、このほかに「곧」「금방」があります。

【좀 있으면】 좀 있으면 그 영화가 개봉될 겁니다.
しばらくしたらその映画が封切られるでしょう。
→時間的には幅があります。

【금방】 금방 가겠습니다． すぐ行きます。
→금방は下の例文のように「今しがた」という過去にも使われます。
금방 소개받은 우에다입니다．
ただいまご紹介いただきました上田です。

【곧】 곧 가겠습니다． 今すぐ行きます。
→「すぐ」というニュアンスが強く、瞬間的な短さを感じさせます。

【얼른】 얼른 가세요． 今すぐ行ってください。
→「今やっていることをやめて、すぐに行動する」というニュアンス。

【빨리】 빨리 가세요． 急いで行ってください。
→「動作を速く、スピードアップ」というニュアンスです。

Q2-3-b. (動詞語幹) +고 싶다

動詞の語幹について、「〜したい」という、希望を表します。時制は、싶다のほうにつくことに注意してください。「갔고 싶어요」とは言えません。

변호사가 되고 싶어요． 弁護士になりたいです。
병원에는 가고 싶지 않습니다． 病院には行きたくないです。
닭갈비를 먹고 싶었어요． 鶏カルビを食べたかったです。

語幹がㅂで終わる用言の多くはㅂ変則用言です。춥다(寒い)と즐겁다(楽しい)は典型的なㅂ変則用言。語幹の直後に「-으」が来ると、パッチムの「ㅂ」が脱落して、「-으」は「-우」に、「-아/-어」が来るとパッチムの「ㅂ」が脱落して、「-아/-어」は「-와/-워」になります。ただし、「아」を用いる陽母音語幹でも、곱다(美しい)、돕다(助ける)以外はほとんど「-워요」となります。

Q2-3-d.
ㅂ変則用言

寒い　춥(다) + 으면 → 추 　우　면 → 추우면　寒ければ
　　　　　　　ㅂ脱落

楽しい　즐겁(다) + 어요 → 즐거 　워　요 → 즐거워요　楽しいです
　　　　　　　　　ㅂ脱落

	原形	現在形 해요体	仮定形	連体形 〜な日
寒い	춥다	추워요	추우면	추운 날
楽しい	즐겁다	즐거워요	즐거우면	즐거운 날

仮定形
→Lesson4
連体形
→Lesson17

ㅂは唇をくっつけ、息を破裂させて「p/b」と発音しますが、ㅂ変則は、唇のくっつけ方が時代と共に徐々に弱まり、「ブ→ゥブ→ヴ→ウ(우)」と変化して生まれた発音です。間違えて「즐거은 시간」などと書いてしまうことがありますが、口をすぼめて発音する「p/b」の形がそのまま残ったために、「으」ではなく「우」と発音されるのです。こうして、理屈をきちんと知っていると覚えやすいと思うのですが、いかがでしょうか?

前田先生の
ユジャチャでひと息　この本を持ち歩いてください

　この本は持ち歩いてもらうために、ハンディーなサイズにしました。机に向かうばかりが勉強ではありません。この本をかばんの中に入れていつも持ち歩き、通勤電車でぱらぱら読みましょう。細切れ時間の有効活用が、語学学習成功の秘訣です。CDは、iPodなど持ち歩くのに便利なものにコピーして、通勤電車やウォーキング中、家事をしながらと、とにかく聞きまくってください。ただ聞き流すのではなく、シャドーイング(聞こえた文章をそのまま発音すること)すると、効果的です。最初はなかなかうまくいきませんが、慣れてくると楽についていけるようになります。文章を覚えてしまうくらい繰り返しやりましょう。運動選手が走りこみや素振りを毎日するのと同じで、シャドーイングは外国語学習の素振りなのです。口と耳を鍛える基礎訓練です。この本を持ち歩き、音声を耳で聞き、シャドーイングをしながら確実に実力を高めてください。

Lesson 2　入学式

★POINT!　ここがポイント!　-기로 하다と-려고 하다

　新学期はいいですね。誰も彼もが生き生き、うきうきして、何か新しい出会いへの期待や、意欲がわいてくる季節です。私の授業もまだ2回目です。みなさんもフレッシュな気持ちで授業を受けてくださいね。自分が韓国にいるつもりで、韓国で新学期を迎えるような新鮮な気持ちで勉強できると、楽しくできます。자, 그러면 수업을 시작하겠습니다.

読解にチャレンジ

　오늘 학교 교정에 (① 노랗다) 개나리가 피었습니다. ア. <u>해마다 개나리가 피면 봄이 왔다고 생각합니다.</u> 내일은 a. <u>입학식</u>이 있습니다. 저에게도 (②　　) 생깁니다. 이제부터 저는 선배가 됩니다.

　올해 신입생들은 모두 b. <u>600명</u> 정도입니다. 내일 입학식은 오전 10시부터 (③　　　　　). 저는 입학식 실행위원회에 소속돼 있기 때문에 내일은 7시 30분까지 학교 체육관에 (④ 가다). 그리고 입학식이 끝나 (⑤　　　) 환영회가 있어 참석해야 합니다. イ. <u>내일은 아침부터 저녁까지 해야 할 일이 많이 있으니까 오늘은 일찍 자기로 했습니다.</u>

Q1　本文をよく読んで、次の問いに答えなさい。　**基本問題**

1. 本文の内容と一致するものを選びなさい。
　a. 今日は入学式があります。　　b. 今日入学式を行いました。
　c. 明日は入学式があります。　　d. 昨日入学式を行いました。

2. 本文の内容と一致するものを選びなさい。

a. 저는 내일 10시까지 학교에 간다.

b. 저는 내일 7시 30분까지 학교에 간다.

c. 저는 오늘 10시까지 학교에 간다.

d. 저는 오늘 7시 30분까지 학교에 간다.

3. (① 노랗다) を、適切な形に活用させなさい。

(　　　　　　　　　　)

4. (②　　) に入る適切な単語を選びなさい。

a. 후배가　　b. 선배가　　c. 선생님이　　d. 대학생이

5. 本文の下線部a.とb.の発音を、発音通りにハングルで書きなさい。

a. 입학식 (　　　　　　　)　　b. 600명 (　　　　　　　)

6. (③　　) に当てはまる最も適切な表現を選びなさい。

a. 거행되었습니다.　　b. 거행될 예정입니다.

c. 거행될 수 있습니다.　　d. 거행될지도 모릅니다.

7. (④ 가다) を、「-아야 / 어야 하다」を使い、本文と同じ文体で義務の意味に活用させなさい。

(　　　　　　　　　　)

8. (⑤　　) に入る適切な言葉を選びなさい。

a. 으면　　b. 면　　c. 니까　　d. 지만

9. 下線部ア・イを日本語に訳しなさい。

ア.＿＿＿＿＿＿＿＿＿＿＿＿＿＿＿＿＿＿＿＿＿＿＿＿＿＿

イ.＿＿＿＿＿＿＿＿＿＿＿＿＿＿＿＿＿＿＿＿＿＿＿＿＿＿

＿＿＿＿＿＿＿＿＿＿＿＿＿＿＿＿＿＿＿＿＿＿＿＿＿＿＿＿

Q2 次の問題に答えなさい。　　力だめし発展問題

1. 次の単語の原形を書き、합니다体で文を完成させなさい。

① 【白い】

原形 (　　　　　　　　　)

白い雪が降ります。＿＿＿＿＿＿＿＿＿＿＿＿＿＿＿＿＿＿

② 【咲く】

原形 (　　　　　　　　　)

赤い花が咲きました。＿＿＿＿＿＿＿＿＿＿＿＿＿＿＿＿

2. 次の文法事項を使って합니다体で作文しなさい。

【-다고 생각합니다：～と思います / 考えます】

a. 桜が咲くと春が来たと思います。

＿＿＿＿＿＿＿＿＿＿＿＿＿＿＿＿＿＿＿＿＿＿＿＿＿＿

【-아야 / 어야 합니다：～しなければなりません】

b. 靴を脱がなければなりません。

＿＿＿＿＿＿＿＿＿＿＿＿＿＿＿＿＿＿＿＿＿＿＿＿＿＿

【-려고 합니다：～しようと思います】

c. 韓国語の勉強をしようと思います。

＿＿＿＿＿＿＿＿＿＿＿＿＿＿＿＿＿＿＿＿＿＿＿＿＿＿

Let's Read! タイムを計りながら本文を音読し、それぞれタイムを記入しなさい。（目標タイム：50秒）

1回目	2回目	3回目	4回目	5回目	6回目	7回目	8回目	9回目	10回目

答え合わせ　Lesson 2

基本問題

Q1
1. c　2. b　3. 노란
4. a　5. a. 이팔씩　b. 육빽명
6. b.　7. 가야 합니다.　8. b.
9. ア. 毎年レンギョウが咲くと春が来たと思います。
　　イ. 明日は朝から夕方までやることがたくさんあるので、今日は早く寝ることにしました。

力だめし発展問題

Q2
1. ①하얗다　하얀 눈이 내립니다.（옵니다도 可）
　②피다　　빨간 꽃이 피었습니다.
2. a. 벚꽃이 피면 봄이 왔다고 생각합니다.
　b. 구두를 벗어야 합니다.
　c. 한국어 공부를 하려고 합니다.

日本語訳

　今日、学校の校庭に黄色いレンギョウが咲きました。毎年レンギョウが咲くと春が来たと思います。明日は入学式があります。私にも後輩ができます。これから私は先輩になります。
　今年の新入生はみんなで600人ほどです。明日の入学式は午前10時から挙行される予定です。私は入学式の実行委員会に所属しているので明日は7時30分までに学校の体育館に行かなければなりません。そして入学式が終わると、歓迎会があるので、参加しなくてはなりません。明日は朝から夕方までやることがたくさんあるので、今日は早く寝ることにしました。

単語をおさらい

韓	日	韓	日	韓	日	韓	日
교정	校庭	개나리	レンギョウ	피다	咲く	해	年
마다	～ごとに	입학식	入学式	선배	先輩	후배	後輩
이제	今	거행	挙行	실행	実行	위원회	委員会
체육관	体育館	끝나다	終わる	환영	歓迎	참석	参加(参席)
벚꽃	桜	구두	靴	벗다	脱ぐ		

前田先生の解説　Lesson 2

CDを聞きながら、本文をもう一度音読してみましょう。

　오늘 학교 교정에 **노란** 개나리가 피었습니다. 해마다 개나리가 피면 봄이 왔다고 생각합니다. 내일은 입학식이 있습니다. 저에게도 **후배**가 생깁니다. 이제부터 저는 **선배**가 됩니다.
　올해 신입생들은 모두 **600명** 정도입니다. 내일 입학식은 오전 10시부터 거행될 **예정입니다**. 저는 입학식 실행위원회에 소속돼 있기 때문에 내일은 7시 30분까지 학교 체육관에 **가야 합니다**. 그리고 입학식이 끝나면 환영회가 있어 참석해야 합니다. 내일은 아침부터 저녁까지 해야 할 일이 많이 있으니까 오늘은 일찍 자기로 **했습니다**.

網かけの部分は、解説がある表現です。

　中級の勉強の中心は、①用言の活用　②文末表現　③発音変化の３つということをまえがきでお話しました。このレッスンは、変則活用や濃音化、鼻音化などが立て続けに出てきます。ゆっくり、でも、着実に！発音の変化はもちろん、活用、文末表現などすべて、声を出して、読みながら覚えましょう。音読こそ王道です。電車の中で声に出せない時も黙読ではなく、口を動かしながら。화이팅！

Q1-3.
ㅎ変則用言

　「노랗다」はㅎ変則用言です。語幹がㅎパッチムで終わっている形容詞は、좋다を除いて、ほとんどがㅎ変則です。노랗다（黄色い）、하얗다（白い）のように、色を表す形容詞が多いので、よく覚えましょう。

1) 語幹の直後に、「-아/-어」が来る場合

　　노랗（다）+ 아요　→　노라 아요　→　노래요　黄色いです
　　　　　　　　　　　　　ㅎ脱落

　　하얗（다）+ 아요　→　하야 아요　→　하얘요　白いです
　　　　　　　　　　　　　ㅎ脱落

　パッチムの「ㅎ」が脱落し、語幹の最後の母音は「아/어」と合体して「ㅐ」になります。最後の母音が「야」の場合は「얘」になります。

2) 語幹の直後に「으」が来る場合

　　그렇（다）+ 은　→　그러 ㄴ　→　그런　そんな
　　　　　　　　　　　ㅎ으脱落

	原形	합니다体	ㅎ変則	
			해요体	連体形
黄色い	노랗다	노랗습니다	노래요	노란
白い	하얗다	하얗습니다	하얘요	하얀
そうだ	그렇다	그렇습니다	그래요	그런

連体形
→Lesson17

ㅎ変則は、単語をあれこれたくさん覚えるより、まずは「그렇다」で覚えると良いでしょう。これからも、文法法則はいろいろ出てきます。練習のために、複数の単語を例に出していきますが、無理して多くの単語を覚えようとせず、最も典型的な単語をひとつ、しっかりと覚えてください。迷ったらその単語を思い出して確認すればいいのです。

「先輩」は「선배」、「後輩」は「후배」、「同期」は「동기」。ここまではそのまま漢字語で簡単ですが、「同い年」は「동갑（同甲）」です。

Q1-4.
先輩・後輩

김민우 선배하고 정유리 선배는 동갑이에요.
キムミヌ先輩とチョンユリ先輩は同い年です。

他によく使うものに「学番」というものもあります。大学の学籍番号のことで、入学年度を表します。在学中に軍隊などに行く場合、何年生というより学番で入学年度を言い表す方が便利なので、よく使います。

그런데 최정숙 씨는 몇 학번이에요?
ところで、チェジョンスクさんは、何年度入学ですか？

600명（육백명）の発音は、濃音化と鼻音化によって、[육뺑명]になります。

Q1-5.
濃音化と
鼻音化

①濃音化：육백명 → 육빽명
　［ㄱ］［ㄷ］［ㅂ］で発音するパッチムの後に平音の「ㄱ、ㄷ、ㅂ、ㅅ、ㅈ」が続いた場合、平音は濃音として発音します。

接尾辞の
濃音化
→Lesson11

学生　　학생　→[학쌩]　ㄱ＋ㅅ → ㄱ＋ㅆ
入口　　입구　→[입꾸]　ㅂ＋ㄱ → ㅂ＋ㄲ
笑える　웃기다 →[욷끼다] ㄷ＋ㄱ → ㄷ＋ㄲ（ㅅパッチムの発音はㄷ）

②鼻音化：육백명 → 육뱅명

[ㄱ][ㄷ][ㅂ]で発音するパッチムの後に「ㄴ、ㅁ」が続いた場合、パッチムは鼻音化します。

学問　　학문　→　[항문]　ㄱ [k] → ㅇ [ŋ]
いる〜　있는　→　[인는]　ㄷ [t] → ㄴ [n]
食欲　　입맛　→　[임맏]　ㅂ [p] → ㅁ [m]

Q1-6.
予定

明日の予定のことを話しているので解答はbです。d「挙行するかもしれません」も文法的にはあり得ますが、その後に「私は入学式の実行委員会に所属しているので」とあるので、式の時刻を知らないことはあり得ません。「〜する予定です、するつもりです」という意味になる、「-ㄹ 예정입니다」を使ったbが最もふさわしいということになります。

Q1-7.
-아/어야 하다
義務
→Lesson11

「-아/어야 하다」は「〜しなければならない」という義務を表します。語幹の最後の母音が陽母音なら「-아야 하다」、陰母音なら「-어야 하다」となり、하다用言の場合は「해야 하다」となります。後部の하다部分は「되다」「겠다」を使うこともできます。「-야겠다」は分かち書きしません。

중요한 서류는 직접 받아야 합니다.
重要な書類は直接受け取らなくてはなりません。
여기서는 신발을 벗어야 돼요.
ここでは履き物を脱がなくてはなりません。
먹어야 해요.
食べなくてはなりません。
12시까지 학교에 가야겠어요.
12時までに学校に行かなくてはなりません。

Q1-8.
-(으)면

選択肢は、それぞれb「끝나면（終わったら）」、c「끝나니까（終わるので）」、d「끝나지만（終わるけれど）」となります。ここでは、後ろに「歓迎会があるので」と続くので、仮定・条件を表すb「-면（〜すれば、〜なら）」が正解です。「-면」は語幹がパッチムで終わる用言につく場合は「-으」を伴います。「끝나다」の語幹は母音「나」で終わるので、aの「으면」は文法的に誤りです。ただし、語幹がㄹパッチムで終わるㄹ語幹用言はそのまま「면」が続きます。

하다（する）　→ 하면（語幹が母音で終わる：直接接続）
먹다（食べる）→ 먹으면（語幹が子音で終わる：-으を伴い接続）
길다（長い）　→ 길면（語幹が母音で終わっていると見なす：直接接続）

なお、ㄹ語幹用言は、語幹の直後に「ㄴ、ㅅ、ㅂ」が来るとㄹが脱落します。　｜　ㄹ語幹用言

살다 (住む)　→　사 ＋ ㅂ니다　→　삽니다
　　　　　　　　　↓
　　　　　　　ㄹ脱落

「-기로 하다」は、動詞語幹について、「〜することにする」。決断を表明する表現です。次に解説する「-려고 하다」と似ているので、注意が必要です。　｜　Q1-9-イ.
-기로 하다

　1) 그렇게 하기로 했어요.　　そうすることにしました。
　2) 그렇게 하려고 합니다.　　そうしようと思います。

1) は、すでに決断が済んでおり、何があってもやる、というニュアンス。2) は、事情はともかくやりたい、という感じです。

　맛없지만 먹기로 했어요.　　　まずいけれど食べることにしました。
　10분 안에 먹으려고 합니다.　　10分間で食べようと思います。

「-기로 하다」は、子音語幹につく場合でも으は挿入されません。

「〜しようと思う(意志)」を意味する、「-려고 하다」を確認します。-려고も-면と同じようにパッチムのある子音語幹用言と接続する場合は「-으」を伴います。　｜　Q2-2-c.
-려고 하다

　하다　→　하려고 합니다.
　　しようと思います：母音語幹用言／直接接続
　먹다　→　먹으려고 합니다.
　　食べようと思います：子音語幹用言／-으を伴い接続
　만들다　→　만들려고 합니다.
　　作ろうと思います：ㄹ語幹用言／直接接続

前田先生の
ユジャチャでひと息　**韓国の学期**

　韓国は3月から学校の新年度が始まります。3月1日は三・一節(삼일절)で祝日ですので、3月2日から始まる学校がほとんどです。一般的な学校を例に挙げると、1学期が3月2日から7月20日まで、2学期は9月1日から12月30日まで。あとは2月終わりまで冬休みで、日本で言うところの3学期がありません。冬休みが長いのがうらやましいですね。始業式は開学식(開学式)、では終業式はと言うと종업식と言い、閉学식とは言いません。

Lesson 3　食事

★POINT!
ここがポイント！　時刻の表現

　韓国料理はおいしいですね、정말 맛이 있지요. みなさんはどんな韓国料理が好きですか？　料理には、その国の文化がぎっしりつまっています。食文化は、文化理解の入口。その入口が「おいしい」のは大変うれしいことですね。韓国の料理を「ああおいしい」と味わうように、韓国語も、楽しみ、味わいたいものです。자, 재미있게 공부합시다.

聞き取りにチャレンジ
まずはCDの音声を聞いてみましょう

CD track 03

Q1 CDをよく聞いて、次の問いに答えなさい。　**聞き取り問題**

1. 本文の内容と一致するものを選びなさい。
　a. 女性は朝食を食べた。　　b. 男性は朝食を食べた。
　c. 女性は昼食を食べた。　　d. 女性も男性も朝食を食べなかった。

2. 本文の内容と一致するものを選びなさい。
　a. 두 사람은 택시를 탄다.　　b. 남자만 택시를 탄다.
　c. 여자만 걸어서 간다.　　d. 두 사람은 걸어서 간다.

3. 2人は何を食べに行きましたか？
　a. 冷麺　　b. 参鶏湯　　c. ピビンパ　　d. プルコギ

4. 2人が会話しているのは、何時ですか？
　a. 午前11時30分　　b. 午前11時40分
　c. 午前10時40分　　d. 午前9時30分

Lesson 3

下の文章を見ながらCDの音声を何度もくり返し聞いてみましょう

A : 지금 몇 십니까?
B : ①_____ 입니다.
A : 아침을 먹지 않아서 ②_____.
B : 사실은 저도 그래요.
A : 무엇을 먹고 싶어요?
B : 저는 삼계탕이 먹고 싶어요.
A : 삼계탕이라면 도화동에 맛있는 집이 있어요.
B : a. 그럼 ③_____?
A : 도화동은 그다지 멀지 않으니까 ④_____.

Q2 次の問題に答えなさい。　　　　基本問題

1. CDをよく聞いて本文の①〜④に適切な語句・文章を記入し、会話文を完成させなさい。

① _____　② _____

③ _____　④ _____

2. 下線部a.の意味を、ア〜エの中から選びなさい。
　ア. それでは　　イ. しかし　　ウ. そして　　エ. なぜなら

3. 무엇을 먹고 싶어요？ という問いかけに対して、次の語群の中から好きな料理を選んで、あなたなりに해요体で答えてみなさい。

Aさん：무엇을 먹고 싶어요? あなた：_____
語群：김치찌개 / 삼계탕 / 갈비 / 칼국수 / 김밥 / 추어탕 / 닭갈비 /
　　　보신탕 / 설렁탕 / 회 / 국밥 / 잡채

Q3 次の問題に答えなさい。　　　**力だめし発展問題**

1. 次の語句の意味と下線部の用言の原形を書き、指定の文体で作文しなさい。

【먹지 않다】

a. 意味（　　　　　　　　　）　b. 下線部の原形：（　　　　　　　　　）

c. 朝ごはんを食べません。［합니다体］

_____

d. お昼ごはんを食べませんでした。［합니다体］

_____

【배가 고픕니다】

e. 意味（　　　　　　　　　）　f. 下線部の原形：（　　　　　　　　　）

g. おなかがとてもすいています。［많다／해요体］

_____

h. おなかがすいていません。［-지 않다／합니다体］

_____

【걸어요】ㄷ変則用言

i. 意味（　　　　　　　　　）　j. 下線部の原形：（　　　　　　　　　）

k. 歩いて学校に行きます。［해요体］

_____

l. 病院まで歩きます。［해요体］

_____

 タイムを計りながら本文を音読し、それぞれタイムを記入しなさい。（目標タイム：30秒）

1回目	2回目	3回目	4回目	5回目	6回目	7回目	8回目	9回目	10回目

答え合わせ Lesson 3

聞き取り問題

Q1
1. d 2. d 3. b 4. b

基本問題

Q2
1. ①오전 열한 시 사십 분 ②배가 많이 고픕니다 ③택시로 갈까요 ④걸어서 갑시다
2. ア
3. ○○를/을 먹고 싶어요. [強調文として、-가/이 먹고 싶어요. も可能]
   解答例 : 김치찌개를 먹고 싶어요./설렁탕을 먹고 싶어요. など

力だめし発展問題

Q3
1. a. 食べない b. 먹다 c. 아침 (밥)을 먹지 않습니다.
   d. 점심을 먹지 않았습니다.
   e. おなかがすいています f. 고프다 g. 배가 많이 고파요. h. 배가 고프지 않습니다.
   i. 歩きます j. 걷다 k. 걸어서 학교에 가요. l. 병원까지 걸어요.

日本語訳

A : 今何時ですか？
B : 午前11時40分です。
A : 朝ごはんを食べていないので、おなかがとてもすきました。
B : 実は私もそうなんです。
A : 何を食べたいですか？
B : 私は参鶏湯 (サムゲタン) が食べたいです。
A : 参鶏湯であれば、トファ洞においしい店があります。
B : それではタクシーで行きましょうか？
A : トファ洞はそんなに遠くないので、歩いて行きましょう。

● 単語をおさらい

| 지금 | 今 | 몇 | 何／いくつ | 배 | お腹 | 사실 | 事実／実は |
| 집 | 家・店 | 그다지 | それほど | 학교 | 学校 | 병원 | 病院 |

前田先生の解説 Lesson 3

CD track 03

CDを聞きながら、本文をもう一度音読してみましょう。

A：지금 몇 십니까?
B：오전 열한 시 사십 분입니다.
A：아침을 먹지 않아서 배가 많이 고픕니다.
B：사실은 저도 그래요.
A：무엇을 먹고 싶어요?
B：저는 삼계탕이 먹고 싶어요.
A：삼계탕이라면 도화동에 맛있는 집이 있어요.
B：그럼 택시로 갈까요?
A：도화동은 그다지 멀지 않으니까 걸어서 갑시다.

網かけの部分は、解説がある表現です。

여러분, 勉強は快調ですか？ 文法の話ばかりでうんざりしていませんか？ 80％理解できれば十分です。重要な項目は繰り返し出ますので、どんどん進めてください。ところで単語帳作っていますか？ 単語帳と音読。これはずっと続けてくださいね。

Q2-1-①
時刻の表現

時刻の表現を確認しましょう。

　　　　固有数詞　시 ＋ 漢数詞　분
　　　　　　時　　　　　　分

여섯 시 십팔 분　　6時18分
열두 시 이십삼 분　12時23分

　固有数詞の1～4と20は、助数詞の前では語尾のㅅ・ㄹが落ちて形が変化するので注意が必要です。

　　　　1　2　3　4　20
　　　하나 둘 셋 넷 스물
　　　 ↓　↓　↓　↓　↓
　　　 한　두 세 네 스무

　한 시 / 두 시 / 세 시 / 네 시 と、ここまではいいでしょうか？ では、「二十歳（はたち）」は何て言いますか？ そう「스무 살」です。

おなかがすいている「배가 고프다」の「고프다」は으変則用言です。

(おなかが)すいている	고프다	→	고파요	すいてます
使う／書く	쓰다	→	써요	使います／書きます

으変則用言は、語幹の直後に「-아／어」がついたとき、語幹の最後の「ㅡ(으)」が脱落し、残った子音と「-아／어」が組み合わさります。どちらになるかは、「ㅡ(으)」の直前の母音が陽母音か陰母音かで決まります。「쓰다」のように語幹が1文字のものは「-어」になります。

Q2-1-②
으変則用言

韓国語には、日本語の接続詞と同じ役割をする語句がたくさんあります。代表的な語句を確認しましょう。

Q2-2.
接続詞

それでは	그러면／그럼
しかし	그러나
そして	그리고
なぜなら	왜냐(하)면

그러면と그럼の違いは微妙ですが、그러면は相手が何か条件や希望を述べたのを受けて、「それならこうしよう」と提案するニュアンス。그럼は、日本語の「じゃあ」に近く、話題や行動のきっかけに使うのが普通です。電話を切るときや、別れ際の挨拶にも、よく使います。

일본에 가고 싶어요.	日本に行きたいです。
○그러면 같이 갈까요?	それなら、一緒に行きますか？
○그럼 같이 갈까요?	じゃあ、一緒に行きますか？
○그럼 이만 갈게요.	じゃあ、これで行きますね。
△그러면 이만 갈게요.	それなら、これで行きますね。

最後の文章は、たとえば相手の「これからすることがあるんです」といった言葉を受けてなら、使えます。그럼には、もうひとつ、「もちろん」という意味があり、こちらもよく使います。

그럼요.　もちろんです。([그럼뇨]と発音します)

ㄴ挿入
→Lesson24

Q2-1-④ 勧誘表現 -ㅂ시다	-ㅂ시다は、「〜しましょう」と、勧誘する表現です。합니다体と해요体の区別がないという、少々特殊な表現なので、注意してください。

가다	行く	→	갑시다	行きましょう
먹다	食べる	→	먹읍시다	食べましょう
만들다	作る	→	만듭시다	作りましょう

ㄹ語幹用言 →Lesson2	子音語幹は、ㄹ語幹を除き-으を伴って接続されます。例文中、만들다の語幹は「만들」で、子音で終わっていますが、ㄹ語幹なのでㄹは脱落します。Lesson 2の解説、ㄹ語幹用言の特徴を参照してください。パンマル（ぞんざいな言い方）で「〜しよう」と言う場合は、語幹にそのまま-자をつけます。

하다	する	→	하자	しよう
먹다	食べる	→	먹자	食べよう
걷다	歩く	→	걷자	歩こう

Q2-3. 料理の単語	語群にある料理の名前、すべて読めましたでしょうか？　ひとつひとつ確認して覚えましょう。韓国旅行には必須の単語です。

김치찌개	キムチ鍋	삼계탕	参鶏湯（サムゲタン）
갈비	カルビ	칼국수	カルグクス
김밥	のり巻き	추어탕	どじょう鍋
닭갈비	鶏カルビ	보신탕	保身湯（ポシンタン）
설렁탕	ソルロンタン	회	刺身
국밥	クッパ	잡채	チャプチェ

皆さん、いくつ食べたことがありますか？　다 먹어봐야 돼요. 매우 맛이 있으니까요.

Q3-1-a〜d. 否定表現	否定の表現には、二種類あります。基本的なことですが、しっかり確認しておきましょう。

ハンバーガーは食べません。
햄버거는 먹지 않습니다.　지 않다否定　用言語幹＋지 않다
햄버거는 안 먹어요.　　안否定　　　안＋用言

「-지 않다否定」は文章語的で、「〜しない」という客観的事実を述べる時に使います。子音語幹につく場合も、으などは挿入されません。一方「안否定」は口語的で、自分の意志として述べるニュアンスが強くなります。なお、안否定は口

語で使用頻度の高い用言に用います。하다用言では지 않다否定を使うのが普通ですが、안否定を用いる場合は、하다の直前に안を挿入します。

　　×안 견학했다.
　　○견학 안 했다.
　　○견학하지 않았다.　見学しなかった。

日本語にもある、ちょっとおどけたこんな言い回しはどうでしょう。

　　A：괜찮아요?　　大丈夫？
　　B：안 괜찮아요.　大丈夫じゃないよぉ。

日本語では、「とても／非常に（お腹が空いた）」と言いますが、韓国語では「많이 고프다（たくさん空いた）」と表現します。他に、「とても」の意味で「많이」を使う表現として、次のようなものがあります。

　　많이 아파요.　　　　　　とても痛いです。
　　오후부터 많이 더워졌습니다.　午後から大変暑くなりました。

なお、「많이」の発音はマーニと、やや伸ばして発音します。「많은」もマーヌンと長めに発音します。韓国語の発音は最近どんどん長短の区別が曖昧になってきていますが、많다には長音が確実に残っています。

걷다（歩く）、듣다（聞く）などは「ㄷ変則用言」です。語幹の直後に母音が来ると、パッチムの「ㄷ」が「ㄹ」に変わります。まずは、次の３つの単語を覚えましょう。

　　걷다　　歩く　→　걸어요　　걸ます／걸으면　　歩けば
　　깨닫다　悟る　→　깨달아요　悟ります／깨달으면　悟れば
　　듣다　　聞く　→　들어요　　聞きます／들으면　　聞けば

語幹の最後が「ㄹ」に変わるので、ㄹ語幹と間違えて걸면、깨달면、들면などとしてしまうことがあるので注意してください。また、日常ではㄷ変則用言は、ㄹに変化した形の方がよく接します。そのため、逆に原形がわからなかったり、걷겠습니다（歩きます）などとした場合に「걷」が聞き取れなかったりします。こちらも、要注意です。

Q3-1-g.
많이

Q3-1-i〜l.
ㄷ変則用言

Lesson 4 　自己紹介

★POINT!
ここがポイント！　疑問表現

さて、今回も会話のレッスンです。自己紹介は、ありきたりの表現にもどかしい思いをしていたのではないでしょうか。一歩踏み込んだ自己表現、そして相手に尋ねる疑問表現を集中的に学びます。相手に色々と質問し、それに答える。これがコミュニケーションの出発点ですね。

聞き取りにチャレンジ
まずはCDの音声を聞いてみましょう

CD track 04

Q1 CDをよく聞いて、次の問いに答えなさい。　**聞き取り問題**

1. 本文の内容と一致するものを選びなさい。
 a. 김철수 씨는 은행원이다.
 b. 최은주 씨는 회사원이다.
 c. 김철수 씨는 취직을 걱정하고 있다.
 d. 김철수 씨는 은행을 희망하고 있다.

2. 本文の内容と一致するものを選びなさい。
 a. 최은주 씨는 고등학교 교사다.　　b. 최은주 씨는 백화점 직원이다.
 c. 최은주 씨는 공부하기 싫다.　　d. 김철수 씨 직업은 인기가 많다.

下の文章を見ながらCDの音声を何度もくり返し聞いてみましょう

CD track 04

김 : 최은주 씨는 (①会社員) 이세요?

최 : 아니요, (②大学院生) 이에요.

김 : 아, 그래요? 그러면 (③専攻) 은 뭡니까?

최 : (④教育学) 이에요.

김 : 좋은 공부 하시네요.

최 : 김철수 씨는 a. [　　　] 일을 하세요?

김 : 저는 (⑤銀行) 에서 일하고 있습니다.

최 : 그래요? 인기 있는 (⑥職場) 이네요.

김 : 인기는 있는데 ア. 일은 많이 힘듭니다.

　　그런데, (⑦大学院) 에서 공부하시는 것은 어때요?

최 : 공부는 재미있지만 취직이 걱정이에요.

김 : b. 요즘은 정말 취직을 [　　　]사람이 많지요.

최 : 저도 c. ＿＿＿＿＿　イ. 취직할 수 있으면 좋겠습니다.

김 : 잘될 겁니다.

Q2 次の問題に答えなさい。　　基本問題

1. 本文の①～⑦には、それぞれ漢字で示した漢字語が入ります。CDをよく聞いて、適切な語句を記入しなさい。

① ＿＿＿＿＿＿＿　② ＿＿＿＿＿＿＿　③ ＿＿＿＿＿＿＿

④ ＿＿＿＿＿＿＿　⑤ ＿＿＿＿＿＿＿　⑥ ＿＿＿＿＿＿＿

⑦ ＿＿＿＿＿＿＿

2. 下線部a.が「どんなお仕事をなさっているのですか？」という意味になるように [　] に入る適切な単語を選びなさい。

　a. 어떤　　b. 무엇　　c. 언제　　d. 누구

3. 下線部b.が不可能の意味になるように [　　　] に語句を3文字で入れなさい。

[　　　　　　　　　　　]

4. 下線部c.に、「無事に」という意味になるよう適切な語句を選びなさい。

   a. 무사하게　b. 무사히　c. 무사이　d. 무사로

5. 下線部イ.中の「취직할 수」の発音を、発音どおりにハングルで書きなさい。

[　　　　　　　　　　　　　　　]

6. 下線部ア・イを日本語に訳しなさい。

ア. _____

イ. _____

Q3 次の問題に答えなさい。　力だめし発展問題

1. 次の文法事項を使い、カッコに示した文体で作文しなさい。

【-ㄹ / 을 수 있으면 좋겠다 : ～できればいいと思います】

a. 合格できればいいと思います。[합니다体]

_____

b. 約束できればいいと思います。[해요体]

_____

【-가 / 이 걱정이다 : ～が心配です】

c. 天気が心配です。[해요体]

_____

d. 結果が心配です。[합니다体]

_____

Let's Read!　タイムを計りながら本文を音読し、それぞれタイムを記入しなさい。(目標タイム：45秒)

Lesson 4

答え合わせ Lesson 4

聞き取り問題
Q1
1. a 2. d

基本問題
Q2
1. ①회사원 ②대학원생 ③전공 ④교육학 ⑤은행 ⑥직장 ⑦대학원
2. a 3. 못 하는 4. b 5. 취지칼 쑤
6. ア. 仕事はとても大変です。 イ. 就職できればいいと思います。

力だめし発展問題
Q3
1. a. 합격할 수 있으면 좋겠습니다. b. 약속할 수 있으면 좋겠어요.
   c. 날씨가 걱정이에요.
   d. 결과가 걱정입니다.

日本語訳

キム：チェ・ウンジュさんは会社員ですか？
チェ：いいえ、大学院生です。
キム：あ、そうなんですか？ では専攻は何ですか？
チェ：教育学です。
キム：いい勉強をなさっていますね。
チェ：キム・チョルスさんはどんなお仕事をなさっているのですか？
キム：私は銀行で働いています。
チェ：そうですか。人気のある職場ですね。
キム：人気はありますが、仕事はとても大変です。
　　　ところで大学院で勉強なさるのはどうですか？
チェ：勉強はおもしろいのですが、就職が心配です。
キム：最近は本当に就職できない人が多いですね。
チェ：私も無事に就職できればいいと思います。
キム：うまくいくでしょう（うまくいきますよ）。

● 単語をおさらい

| 공부 | 勉強 | 합격 | 合格 | 약속 | 約束 | 취직 | 就職 |
| 날씨 | 天気 | 결과 | 結果 | | | | |

前田先生の解説　Lesson 4

> CDを聞きながら、本文をもう一度音読してみましょう。
>
> 김 : 최은주 씨는 회사원이세요?
> 최 : 아니요, 대학원생이에요.
> 김 : 아, 그래요? 그러면 전공은 뭡니까?
> 최 : 교육학이에요.
> 김 : 좋은 공부 하시네요.
> 최 : 김철수 씨는 **어떤** 일을 하세요?
> 김 : 저는 은행에서 일하고 있습니다.
> 최 : 그래요? 인기 있는 직장이네요.
> 김 : 인기는 있는데 일은 많이 **힘듭니다**.
> 　　그런데, 대학원에서 공부하시는 것은 어때요?
> 최 : 공부는 재미있지만 취직이 걱정이에요.
> 김 : 요즘은 정말 취직을 못 하는 사람이 많지요.
> 최 : 저도 **무사히** 취직할 수 있으면 좋겠습니다.
> 김 : 잘될 겁니다.
>
> 網かけの部分は、解説がある表現です。

「いつ・誰が・どこで・何を・なぜ・どのように」これを日本語では５Ｗ１Ｈといいますが、韓国語では６하(何)といいます。疑問詞に強くなると会話に積極的になれます。こちらから質問をどんどんできるように、例文を声に出して覚えましょう。

Q2-2.
疑問表現

「어떤」は、形容詞「어떠하다」(どうである、どのようになっている)の縮約形「어떻다」を、名詞を修飾する連体形に活用したもの。意味は「どんな」で、疑問詞的な使い方をします。連体形については、Lesson17で詳しく勉強します。

用言の連体形
→Lesson17

　　어떤【どんな】
　　　어떤 음식을 좋아해요?　どんな料理を (が) 好きですか?

　　어떻게【どのように】
　　　어떻게 하면 좋아요?　どうすればよいですか?

　　若い女性が「どうしよう」というときに使うのは、「어떡해」です。発音は同じですが、「어떻게」は「どのように」、「어떡하다」は「어떻게 하다」の縮約で「どうする」という意味です。

열차를 놓쳐 버렸어요. 어떡해….
列車に乗り遅れてしまいました。どうしよう……。

さて、「いつ」「誰が」「どこで」「何を」「なぜ」「どのように」……。問いかけは、コミュニケーションの基本です。代表的な疑問表現をまとめてみましょう。

무엇【何】

무엇이 있어요？　何がありますか？

口語では、「무엇」は縮約して「뭐」となり、「何が」は「뭐가」となります。最近の若い人は、さらに縮約して「머가」とする人も多いようです。いわゆる、「言葉の乱れ」というものでしょうか。

뭐가 있어요？　何がありますか？

무슨【何の】

무슨 요일이에요？　何曜日ですか？
무슨 일이세요？　何のご用ですか？
무슨 말이에요？　どういうことですか？

最後の例文は、怒っている時に使う言葉です。上品な言い回しではないので、参考に留めたほうがよいでしょう。

언제【いつ】

언제 수업이 시작돼요？　いつ授業が始まりますか？

英語のWhenに当たる「언제」にはいろいろな表現があります。

누나는 언제나 같은 자리에 앉았어요.
姉さんはいつも同じ席に座りました。
언제라도 오세요.
いつでも来てください。
언젠가 한국에 유학 가고 싶어요.
いつか、韓国に留学に行きたいです。

얼마【いくら・どれほど】

얼마예요？　　　いくらですか？
얼마나 공부했어요？　어ほど勉強したんですか？

어디【どこ】
　어디서 왔어요?　どこから来たんですか?
　집이 어디세요?　家はどちらですか?

어느【どの・ある】
　어느 분이에요?
　どの人ですか?
　어느 날, 서울에서 친구가 왔습니다.
　ある日、ソウルから友達が来ました。
　어느새 봄이 왔어요.
　いつの間にか春が来ました。

　어느는、確かでない物事を漠然と指す言葉で、「どの」という選択表現のほか、「或る」の意味にも使います。「어느 것」(どれ)、「어느새」(或る間→いつの間にか)はよく使うので覚えておきましょう。

누구【誰】
　누구세요?　どちらさまですか?
　누가 있어요?　誰がいますか?

　「どちらさまですか?」は、さらに丁寧にすると、「どこ」にあたる「어디」を使い、「어디세요?」と表現します。「誰」という直接的な表現を避け、場所・方角を指す「어디」、「どちら」という婉曲な表現をするのも、日本語と韓国語で共通の特徴です。
　2番目の例文にも注意してください。「누구」に助詞「가」が後続すると、縮約して「누가」となります。「누구가」は間違いです。

Q2-4.
무사히

　「무사히」(無事に)。「무사하다」(無事だ)が副詞化した表現です。「무사하게」とは言わないので注意しましょう。

Q2-6-ア.
힘들다

　「힘들다」は、「힘이 들다」(力が要る)からの派生語です。「難しい、苦労する、大変だ、やっかいだ」などの意味ですが、関西弁の「しんどい」がいちばん合うように思います。次の例文にある「죽겠다」は、誇張表現でよく使われます。

　　힘들어서 죽겠어요.　きつくて死にそうです。

많이
→Lesson3

　なお「많이」は、「많다」(多い)の連用形で、Lesson3に登場した、「とても、非常に」の意味で用いる用法です。もう一度確認しておきましょう。다시 한 번 확인해야 돼요.

「할 수 있으면」は「可能」を表す「-ㄹ 수 있다」に、仮定を表す「-(으)면」がついた形で、「~できれば」の意味です。「-ㄹ 수 없다」は「不可能」を表し、「할 수 없으면」で「~できなければ」となります。수は、濃音で発音することに注意してください。また、過去形にする時は「있다/없다」が活用します。

Q2-6-イ.
可能＋仮定
-(으)면
→Lesson2

　　드실 수 있으면 더 드세요.
　　召し上がれるのでしたら、もっとお召し上がりください。
　　운전할 수 없었으면 큰일 날 뻔했어요.
　　運転できなかったら、大変なことになるところでした。

なお、「할 수 있으면」は、文頭に置いて「できれば」の意味にも使います。ほぼ同様の表現に、「가능하면」(可能なら)があります。

　　할 수 있으면 일본으로 가고 싶어요.　　できれば日本に行きたいです。
　　가능하면 내일 하겠습니다.　　可能なら明日やります。

-가/이 걱정입니다の「걱정」は「心配」で、「~が心配です」の意味になります。「걱정합니다」とすると、「心配する」となり、正反対の意味になってしまいます。注意しましょう。

Q3-c~d.
걱정

　　여동생이 걱정입니다.　　妹が心配です。
　　여동생이 걱정합니다.　　妹が心配します。

前田先生の ユジャチャでひと息　インターネット活用しましょう

　インターネットは情報の宝庫です。韓国語学習にも大いに役立ちます。まずはKBSニュース (http://news.kbs.co.kr/)。ニュースを視聴でき、主なニュースは文章でも公開されています。辞書としては国立国語院 (http://www.korean.go.kr/) の標準国語大辞典が役に立ちます。検索は、NAVER (http://www.naver.com/) が定番。略語、俗語の類もたいていヒットします。教保文庫 (http://www.kyobobook.co.kr/) では、クレジットカードがあれば書籍を日本から注文することもできます。わざわざ韓国に行かなくても買えますので一度試してみてください。大手新聞社のサイトは、朝鮮日報 (http://www.chosun.com/) をはじめとして、日本語版のあるところが多く便利です。YahooJapanの翻訳サイト (http://honyaku.yahoo.co.jp/) は韓国語にも対応しています。もっとも自動翻訳はまだ不完全で、あまり鵜呑みにしてはいけません。韓国語学習の便利ツールは私のホームページにまとめてありますので、一度ご覧ください。(http://homepage1.nifty.com/maedata/)

Lesson 5　日本からの友人

★POINT!
ここがポイント！　副詞表現「とても」

　韓国人は情に篤い（정이 두텁다）と言いますが、これは本当にそう思います。旅先で、韓国人に親切にしてもらって感動した人も多いのではないでしょうか。韓国人との出会いは大切にしたいものですね。出会った人と韓国語でじっくりと「内容のある話」ができるよう頑張りましょう。

読解にチャレンジ

　내일은 일본에서 친구가 （Ⓐ 놀다） 오는 날입니다. ア. 내일 오후 공항에 친구를 마중 나갈 겁니다. 친구는 한국 여행이 처음입니다. （①　　　） 제가 잘 안내해 주고 싶습니다. 우선 서울 시내를 구경할 겁니다. 친구는 역사에 관심이 많아서 경복궁이나 창덕궁 등 a. 궁을 안내할까 합니다. 창덕궁은 저도 오래간만에 찾으니 기대됩니다. 또 친구는 （Ⓑ 맵다） 한국 음식을 b. 아주 좋아하니까 떡볶이나 매운탕도 먹어야겠습니다.

　모레는 기차 （②　　　） 타고 경주에 내려갈 예정입니다. 경주까지는 약 4시간 정도 （③　　　）. 경주에는 제 부모님이 （Ⓒ 살다） 인사도 드리고 문화재도 구경하고 싶습니다. イ. 경주는 볼거리가 아주 많고 깨끗한 문화도시라서 친구도 꼭 좋아할 겁니다.

Q1　本文をよく読んで、次の問いに答えなさい。　基本問題

1. 本文の内容と一致するものを<u>すべて</u>選びなさい。
　a. 日本から来る友達は韓国は初めてだ。

b. 日本から来る友達は辛いものが食べられない。
  c. あさっては慶州に行く予定だ。
  d. 慶州に行ったら、友達の親戚の家をたずねるつもりだ。

2. 本文の内容と一致するものを選びなさい。
  a. 내일 친구가 일본에서 배로 온다.
  b. 친구는 내일 오후에 일본에서 온다.
  c. 경주에는 자동차로 갈 것이다.
  d. 부산도 구경하고 싶다.

3. Ⓐ〜Ⓒの単語を、日本語と同じ意味になるように活用・変化させなさい。

  Ⓐ遊びに   (   )

  Ⓑ辛い（韓国料理）   (   )

  Ⓒ住んでいらっしゃるので (   )

4. (①   ) に入る、文脈に最も合う接続詞を下から選びなさい。
  a. 그러나   b. 그래서   c. 그런데   d. 그러면   e. 그렇지만

5. 下線部a.を할까 하다に注意して日本語に訳しなさい。

  _____

6. 下線部b.とほぼ同じ意味の単語を、次の中から選びなさい。
  a. 많이   b. 꼭   c. 결코   d. 반드시

7. (②   ) に適切な助詞を入れなさい。

  (   )

8. (③   ) に「(時間が) かかります」という意味になるように適切な単語を 합니다体で入れなさい。

  (   )

9. 下線部ア・イを日本語に訳しなさい。

ア. _____

イ. _____

Q2 次の問題に答えなさい。　　力だめし発展問題

1. 次の単語または文法事項を使って指定の文体で作文をしなさい。

【-러 가다/오다 : ～しに行く/来る】

a. 友達が遊びに来ました。[합니다体]

_____

b. 展覧会（전람회）を見に行きました。[해요体]

_____

【-ㄹ 것이다 : するつもりだ】

c. 釜山に行くつもりです。[합니다体]

_____

【살다】

d. 東京に住んでいます。[합니다体]

_____

e. 生きている化石です。[해요体]

_____

答え合わせ Lesson 5

基本問題

Q1
1. a , c 2. b
3. Ⓐ 놀러 Ⓑ 매운 Ⓒ 사셔서 (살고 계셔서도 可) 4. b
5. 王宮を案内しようかと思います。
6. a 7. 를 8. 걸립니다
9. ア. 明日の午後、空港に友人を迎えに行きます。
   イ. 慶州は見どころがとても多く、きれいな文化都市だから、友人も喜ぶでしょう。

力だめし発展問題

Q2
1. a. 친구가 놀러 왔습니다.
   b. 전람회를 보러 갔어요.
   c. 부산에 갈 것입니다.
   d. 도쿄에서 (도쿄에) 살고 있습니다.
   e. 살아 있는 화석이에요.

日本語訳

明日は日本から友人が韓国に遊びに来る日です。明日の午後、空港に友人を迎えに行きます。友人は韓国旅行は初めてです。だから私がちゃんと案内してあげたいです。まず、ソウル市内を見物するつもりです。友人は歴史に関心があるので、景福宮や昌徳宮などの王宮に案内しようかと思います。昌徳宮は、私も久しぶりに訪れるので、楽しみです。また友達は辛い韓国の食べ物がとても好きなので、トッポッキやメウンタンも食べなくてはなりません。

明後日は、汽車に乗って慶州に行くつもりです。慶州までは約4時間程度かかります。慶州には私の両親がいらっしゃるので、あいさつもしてから文化財も見物したいです。慶州は見どころがとても多く、きれいな文化都市だから、友人も喜ぶでしょう。

単語をおさらい

놀다	遊ぶ	마중 나가다	迎えに行く	처음	初め	우선	まず
역사	歴史	궁	王宮	오래간만	久しぶり	모레	明後日
내려가다	下る	걸리다	(時間が)かかる	부모님	両親	문화재	文化財
깨끗하다	きれいだ	화석	化石				

前田先生の解説 Lesson 5

> CDを聞きながら、本文をもう一度音読してみましょう。

　내일은 일본에서 친구가 **놀러** 오는 날입니다. 내일 **오후** 공항에 친구를 마중 나갈 겁니다. 친구는 한국 여행이 처음입니다. **그래서** 제가 잘 안내해 주고 싶습니다. 우선 서울 시내를 구경할 겁니다. 친구는 역사에 관심이 많아서 경복궁이나 창덕궁 등 궁을 안내**할까 합니다**. 창덕궁은 저도 오래간만에 찾으니 기대됩니다. 또 친구는 매운 한국 음식을 **아주** 좋아하니까 떡볶이나 매운탕도 먹어야겠습니다.
　모레는 기차를 타고 경주에 내려갈 예정입니다. 경주까지는 약 4시간 정도 걸립니다. 경주에는 제 부모님이 사셔서 인사도 드리고 문화재도 구경하고 싶습니다. 경주는 볼거리가 아주 많고 깨끗한 문화도시라서 친구도 꼭 좋아할 겁니다.

網かけの部分は、解説がある表現です。

> CDは活用していますか？ 聞くというのは繰り返す作業に向いています。CDを聞きながら、何度も音読してくださいね。無理に覚えようとするとつらい (힘들지만) ですが、繰り返し (되풀이) 音読しているうちに自然に覚えます。そうなれば、즐겁습니다。

Q1-2.
時間帯

一日の時間帯を表す単語です。覚えましょう。

새벽	夜明け	아침	朝	낮	昼		
저녁	夕方	밤	夜	한밤중	真夜中	심야	深夜
오전	午前	정오	正午	오후	午後	자정	深夜0時

　아침と저녁は朝食・夕食という意味でも使います。낮は昼ですが，昼食という意味では使いません。昼食はごぞんじですか？　そう，점심 (点心) です。

　아침은 뭘 드셨어요?　朝は何を召し上がりましたか？
　같이 점심 먹으러 가자.　一緒に昼食を食べに行こう。
　저녁은 아직 못 먹었어요.　夕飯はまだ食べていません。

ちょっと珍しいところでは，「반나절」があります。

　반나절 일만 했다.　半日、仕事ばかりしていた。

　반나절 "半日の半分"、つまり3〜6時間というニュアンスです。日本語では、9時から12時までというような時、実際には3〜4時間でも大雑把に「半日」と表現しますので、「반나절」を訳すときは、おおむね「半日」とすればいいでしょう。

正しい意味は、覚えておいてください。また、「一日」と「一日中」も要注意です。

하루　　　1日
하루종일　日中、終日

하루종일 자고만 있었다．　1日中寝てばかりいた。

　動作の目的を表します。後には、必ず가다、오다などの移動の概念を伴う動詞がつきます。

Q1-3-Ⓐ
-(으)러

하다　する　→　하러 가다　　～しに行く
놀다　遊ぶ　→　놀러 가다　　遊びに行く

　子音語幹用言には-으를 伴いますが、ㄹ語幹は母音語幹として扱うので、直接接続します。

　그래서 は「だから、それで」という意味が基本です。注意したいのは、相手に話の続きを促すような場合、「それで？」という意味でも使います。誤って「그리고」（そして）を使ってしまうことが多いので、注意してください。

Q1-4.
그래서

나는 여자친구 생겼어．　僕、彼女ができたんだ。
그래서요？　　　　　　それで？

…갑자기 큰 소리가 났다．　突然、大きな音がした。
그, 그래서？　　　　　　そ、それで？

　「-ㄹ까」は、動詞語幹について、話し手の意志を表す表現で、「-ㄹ까 하다」とすると、「～しようかと思う」の意味になります。Lesson2で学習した、「-려고 하다」とよく似ていますが、「-려고 하다」が本人の意志が決まっているのに対し、「-ㄹ까 하다」は思いつきに近い、数あるアイディアの中のひとつというニュアンスになります。Lesson2 も、もう一度確認しましょう。

Q1-5.
-ㄹ까 하다
-려고 하다
→Lesson2

내년에 미국으로 유학갈까 합니다．
来年アメリカに留学しようかと思います。
반년 후 유럽으로 유학가려고 합니다．
半年後ヨーロッパに留学しようと思います。

Q1-6.
「とても」

英語の「very」にあたる、「とても/非常に」という副詞表現は、大変種類が豊富です。

아주 【とても、すっかり】
最も一般的に使われる表現で、比較的客観的に言い表すニュアンスがあります。単純にはなはだしいさま、多いさまを表す以外に、「完全に・すっかり」という意味があります。

　　아주 재미있어요.
　　とても面白いです。
　　그 사람은 미국에 아주 간대요.
　　その人はアメリカに完全に移住するそうです。

너무 【あまりに(〜すぎる)】
本来は、後ろに必ず否定を伴う表現ですが、最近は驚嘆の気持ちを込めて、「たいへん〜だ」というニュアンスで使われます。はなはだしいさまを表すために、あえて否定的な表現を使ったのが、定着したものです。

　　그 양복 너무 비싸서 못 샀다.
　　その服は高すぎて買えなかった。(本来の用法)
　　이 김치 너무 맛있어요.
　　このキムチおいしすぎます。(最近の用法)

몹시 【ひどく、大層、いやに】
どちらかと言うと、否定的な表現に使います。「몹시 친절하네요.」とすると、「やけに親切ですね」となり、相手を疑っているようなニュアンスになります。

　　몹시 추운 날　やけに寒い日

매우 【うんと、至って】
程度がはなはだしいさまを表し、難しいこと、否定的なことばかりでなく、簡単なこと、肯定的なことにも用います。

　　매우 쉬운 게임　至って簡単なゲーム

무척 【たいへん、非常に】
よい意味、悪い意味双方に使えますが、比較的肯定的な意味で耳にすることが多い言葉です。よく、「무척이나」(非常に、とても)の形で用いられます。

그 사람은 무척 좋은 사람입니다.　その人はとてもよい人です。

굉장히　【ものすごく、素晴らしく、実に】
　形容詞「굉장하다」(ものすごい、素晴らしい)が活用した副詞で、主によい意味で用いられます。

　　굉장히 큰 건물　ものすごく大きな建物

대단히　【ものすごく、大変、素晴らしく】
　形容詞「대단하다」(ものすごい、素晴らしい)が活用した副詞です。굉장히によく似ていますが、特に「감사합니다」と共によく用いられます。

　　대단히 감사합니다.　心から感謝いたします。

　「살고 있는」は「暮らしている・住んでいる」という意味ですが、「살아 있는」だと「生きている」となります。この違いを、ちょっと確認しましょう。

　「-고 있다」は、動詞語幹について、「～している」という動作が進行していることを表します。一方、「-아/어 있다」は、動詞語幹について、その動作の完了状態が継続していることを表します。

　　학교에 오고 있다.　学校に来つつある。
　　학교에 와 있다.　　学校に到着している。

　「오고 있다」は、今通学路を歩いている最中であることを表します。それに対し、「와 있다」は、既に到着して、学校の中に滞在していることを表します。もう一つ、こんな例を挙げておきましょう。

　　의자에 앉아 있다.　椅子に座っている。
　　의자에 앉고 있다.　椅子に座りつつある。

　前者は既に座っている状態を表し、後者は、今まさに椅子に座らんと、腰を曲げつつある、という意味になります。後者の表現は、あまり使うことはありませんね。どうです、面白いと思いませんか。

Q2-1-d～e.
-아/어 있다と
-고 있다

Lesson 6　卒業式のニュース

★POINT!
ここがポイント！　方向・位置

　今回は新しい文法事項よりは確認事項に重点を置いています。繰り返し確認しながら、新しいことも少しまぜています。ここまでの学習を一度振り返ってください。単語帳は作っていますか？　単語の復習もやりましょう。音読チェックノートなども作ると勉強がはかどりますよ。

読解にチャレンジ

　오늘 서울 시내 (①大部分の) 중고등학교에서 졸업식이 있었습니다.
　중앙고등학교 a.＿＿＿＿＿ b.오백 사십여 명의 (②卒業生) 과 학부모들이 (③講堂) 에 모여 ア.엄숙한 분위기 속에서 졸업식이 거행됐습니다.
　c.요즘 졸업식은 이전과는 (④異なり) イ.학생들은 울지도 않고 미소를 지으면서 졸업하는 것 같습니다.
　졸업식이 (⑤終わった後) 교문 d.[아페서] (⑥花束を持って) 친구들과 기념사진을 e.[찡는] 학생들이 많았습니다.

Q1 本文をよく読んで、次の問いに答えなさい。　**基本問題**

1. 本文の内容と一致するものを選びなさい。
　a. ソウル市内の大学で卒業式が行われた。
　b. ソウル市内の高校の卒業式には保護者は参加しない。
　c. 全校生が集まって記念写真を撮った。
　d. 最近の卒業式では卒業生はあまり泣かなくなった。

2. 本文の内容と一致するものを選びなさい。
　　a. 오늘은 서울 시내 중학교에서 졸업식이 있었다.
　　b. 졸업식 때는 여학생들이 많이 울었다.
　　c. 기념사진을 찍는 학생들은 거의 없었다.
　　d. 오늘은 졸업생들이 약 1000명 졸업했다.

3. 本文の①～⑥に、日本語に合うように適切な語句を記入しなさい。

　①　_____　　②　_____

　③　_____　　④　_____

　⑤　_____　　⑥　_____

4. 空欄a.に、「～では」の意味になるように3文字の助詞を入れなさい。

　（　　　　　　　　　　）

5. 下線部b.を、日本語で書きなさい。

　（　　　　　　　　　　）

6. 下線部c.とほぼ同じ意味の単語として、<u>間違っているもの</u>を選びなさい。
　　a. 요전　　b. 최근　　c. 요사이　　d. 요새

7. d.[아페서] e.[쩡는]は発音通りに表記している。正しいつづりを書きなさい。

　d.（　　　　　　　　　）　e.（　　　　　　　　　）

8. 下線部ア・イを日本語に訳しなさい。

　ア. _____

　イ. _____

Q2 次の問題に答えなさい。　　　力だめし発展問題

1. 次の単語や文法事項を使って作文しなさい。

【찍다 / 과】
a. 先生と写真を撮りたいです。[합니다体]

_____

【웃다 / 얼굴】
b. 笑顔で先生に会いました。[해요体]

_____

【울다 / 달려가다】
c. 妹は泣き顔で走って行きました。[합니다体]

_____

【언니 / 타다】
d. お姉ちゃんは、日焼けした顔で言いました。[합니다体]

_____

【쉬다 / 않다】
e. 日曜日に休みもせずに、図書館で勉強しました。[합니다体]

_____

【서다】
f. 机の後ろに立ちました。[합니다体]

_____

答え合わせ Lesson 6

基本問題

Q1

1. d 2. a
3. ①대부분의　②졸업생　③강당
   ④달리　⑤끝난 뒤 (끝난 후도 可)　⑥꽃다발을 들고
4. 에서는　5. 540余名
6. a　7. d. 앞에서　e. 찍는
8. ア. 厳粛な雰囲気の中、卒業式が挙行されました。
   イ. 生徒たちは泣きもせずにほほえみながら卒業するようです。

力だめし発展問題

Q2

1. a. 선생님과 사진을 찍고 싶습니다.
   b. 웃는 얼굴로 선생님을 만났어요.
   c. 여동생은 우는 얼굴로 달려갔습니다.
   d. 언니는 탄 얼굴로 말했습니다.
   e. 일요일에 쉬지도 않고 도서관에서 공부했습니다.
   f. 책상 뒤에 섰습니다.

日本語訳

今日はソウル市内のほとんどの中・高等学校で卒業式がありました。

中央高等学校では、540人余りの卒業生と保護者たちが講堂に集まって、厳粛な雰囲気の中、卒業式が挙行されました。

最近の卒業式は以前とは違い、生徒たちは泣きもせずにほほえみながら卒業するようです。卒業式が終わった後、校門の前で、花束を持って友人たちと記念写真を撮る生徒が大勢いました。

単語をおさらい

시내	市内	대부분	大部分	졸업	卒業	강당	講堂
모이다	集まる	엄숙하다	厳粛だ	분위기	雰囲気	거행	挙行
이전	以前	다르다	異なる	미소	微笑	짓다	作る
기념	記念	사진	写真	얼굴	顔		

前田先生の解説　Lesson 6

> CDを聞きながら、本文をもう一度音読してみましょう。
>
> 오늘 서울 시내 대부분의 중고등학교에서 졸업식이 있었습니다.
> 중앙고등학교에서는 오백 사십여 명의 졸업생과 학부모들이 강당에 모여 엄숙한 분위기 속에서 졸업식이 거행됐습니다.
> 요즘 졸업식은 이전과는 달리 학생들은 울지도 않고 미소를 지으면서 졸업하는 것 같습니다.
> 졸업식이 끝난 뒤 교문 앞에서 꽃다발을 들고 친구들과 기념사진을 찍는 학생들이 많았습니다.
>
> 網かけの部分は、解説がある表現です。

Lesson 3で時刻の表現を勉強しましたが、このLessonでは「540余名」という単語が出てきました。韓国語では、数字のあとによく「여」（余）をつけます。これが入ると、発音・聞き取りの難易度がぐっと上がります。数字は、読むのも聞き取るのも難しいものです。さて、解説を始めましょう。

Q1-3-④ 달리

「달리」は、形容詞「다르다」（異なる）から派生した副詞で、「ほかに」「別に」「異なって」の意味があります。よく使う表現といえば、たとえばこれ。

　　　기대와는 달리　　期待とは異なり

「と」「は」といった複合助詞の使い方まで、日本語と全く同じというのが、興味深いと思いませんか。

Q1-3-⑥ 들다

「꽃다발을 들고」の「들다」に注意しましょう。「持つ」という意味ですが、必ず具体的な物体を「持つ、提げる」意に使います。一方、似たような意味の動詞に「가지다」（持つ、抱く、所有する）、あるいはその縮約形の「갖다」がありますが、こちらはより広い意味を持ち、能力や夢などの抽象的なものに対しても使います。

　　　○가방을 가지다　　カバンを持つ
　　　○가방을 들다　　　カバンを持つ
　　　○희망을 가지다　　希望を抱く
　　　×희망을 들다　　　（具体的な物体ではない）

Lesson 6

　左ページの例文でも出てきたように、韓国語には、日本語と同様ふたつの助詞を組み合わせて使う複合助詞があります。場所を表す「에서」(で) と、主格を表す「는」(は) を組み合わせたものが、「에서는」(では)。日本語と全く同じ組み合わせ方をするというのが、興味深いですね。「에」(に) と「는」(は) を組み合わせた「에는」(には) もよく使います。

> Q1-4.
> 複合助詞

　　　한국에서는 할 수 없는 일이에요.　　한国ではできないことです。
　　　독일에는 없어요.　　　　　　　　　ドイツにはありません。
　　　나에게는 니가 필요하다.　　　　　　僕には君が必要だ。

「에게는」は、しばしば縮約されて「에겐」となります。

　冒頭でも触れましたが、韓国では、数字に「여」(余) をつけることがよくあります。数字だけでも濃音化や鼻音化という音の変化が生じやすく、聞き取りにくいものですが、「여」が挿入されると、音の印象が大きく変わって、さらに難しくなります。発音も難しいので練習が必要です。

> Q1-5.
> 「〜余り」

　　　60億名余り　육십여억 명　→　[육씨벼엉명]「여」の位置に注意

　「요즘」(最近) は、「요즈음」の縮約形。ほぼ同じ意味の単語に、「요사이」とその縮約形である「요새」、そして漢字語の「최근」があります。口語では「요즘」を一番よく使い「최근」はやや硬い言い回しです。なお、「요전」は「この前、先日」。

> Q1-6.
> 「最近」

　　　요즘 뭐 해요?　　　　　　　最近何してますか?
　　　요새는 어떻게 지내세요?　　最近はいかがお過ごしですか?
　　　최근 인기 많은 드라마　　　最近人気のあるドラマ
　　　요전부터 시작했어요.　　　　この前から始めました。

　「울지도 않고」は「泣きもせずに」の意味です。否定表現の中に、「도」(も) が入って強調表現になるのも、日本語と全く同じですね。驚きですね。

> Q1-8-イ.
> -지도 않고

　「-면서」は同時進行を表します。子音語幹は、ㄹ語幹用言を除いて、「으」を伴います。ㄹ語幹については、Lesson2 も参照してください。

> Q1-8-イ.
> -(으)면서
> ㄹ語幹用言
> →Lesson2

　　　보면서　　見ながら
　　　웃으면서　笑いながら
　　　살면서　　暮らしながら

| Q2-1-a. 찍다 | 「찍다」は「(写真を)撮る」のほか、「(スタンプを)押す」、「(醤油などを)つける」など多くの意味を持つ言葉です。ちょっとはしない言い方ですが、「그 애 내가 찍었어」(その子、俺がもらった) なんて使い方もあります。『冬のソナタ』第1話にも出てきます。DVDを持っている方は、韓国語モードにして、一度見てみてください。

간장을 찍어 드세요.　醤油をつけて召し上がりください。
도장을 찍어 주세요.　はんこを押してください。

| Q2-1-b. 웃는 | 「웃는」は「웃다」(笑う)の連体形。名詞について、「笑う～」となります。発音は、鼻音化(Lesson2)して、[운는]となります。

| Q2-1-c. 우는 (ㄹ語幹用言) | 「웃는」と非常に紛らわしいのが、「우는」。これは、ㄹ語幹用言「울다」(泣く)の連体形「泣いている～」です。語幹がㄹパッチムで終わる用言の直後に「ㄴ, ㅅ, ㅂ」が来ると、ㄹが脱落する、というルールでしたね。「울다」の語幹「울」に「는」がつくと、ㄹパッチムが脱落して「우는」となります。発音は少し長く「ウーヌン」となります。

| Q2-1-d. 타다 | 「타다」と言うと、「乗る」という意味の動詞が思い浮かびますが、同音異義語として、「燃える、日焼けする」の意味もあります。その他「液体を混ぜる」の意味もあります。一度辞書で確認してください。また、「타다」から派生した「태우다」も覚えておきましょう。

열차를 탑니다.　　　　列車に乗ります。
바다에서 까맣게 탔어요.　海で真っ黒に焼けました。
소주에 물을 타서 마셨다.　焼酎を水で割って飲んだ。
편지를 태워 버렸다.　　手紙を焼いてしまった。

| Q2-1-f. 方向・位置の単語 | 簡単そうで、忘れてしまいがちなのが、方向や位置を表す単語です。必ず覚えておきたい単語を紹介しましょう。

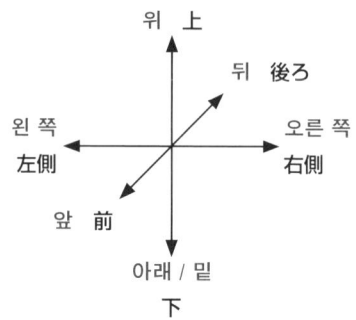

```
              위  上
                 ↑
           뒤 後ろ
              ↗
왼 쪽   ←       → 오른 쪽
左側               右側
              ↙
           앞 前
                 ↓
           아래 / 밑
              下
```

「下」にはふたつありますが、「아래」は主に「下の方向」を意味し、「밑」は「底」のニュアンスです。

컵 아래　コップの下（コップが置いてある机の下、のニュアンス）
컵 밑　　コップの底（コップの底面にくっついているニュアンス）

また、「뒤」(後ろ・後) は、位置だけでなく時間的な意味にも使えます。一方、「후」(後) は、時間的な意味にしか使えません。

○학교 끝난 뒤　　学校が終わった後
○저 빌딩 뒤　　　あのビルの後ろ
○회의가 끝난 후　会議が終わった後
×의자 후　　　　椅子の後（？）

方角の単語は、視覚的に覚えるのが一番です。さぁ、自分のノートに図で書いて理解しましょう。あ、そう言えば、「斜め」って何でしたっけ。これはあまり習いませんね。「비스듬함」と言います。前ページの図に「斜め」(비스듬함)と「横」(옆)を書き込んでみてください。

前田先生のユジャチャでひと息　文章のアクセントに注意しよう

「김치」は、単独では [김치] と下がり調子で発音します。ところが文章の中に入ると、[김치를] と、後ろの音にアクセントがつきます。単語のアクセントが文の中では変化するのですが、なかなか慣れるのは大変です。韓国語、特にソウル言葉の文章におけるアクセントの基本は、①「低高」②ㅅ、ㅎ、激音、濃音で始まる単語は「高高」──この２つのルールをまず覚えてください。　日本語と語順が同じで、漢字語彙も似ているので、どうしても日本語的な読みになってしまいます。次の例は、どのように発音していますか？

바로 (まさに)　가장 (もっとも)　어느 (どの)

[高低]で発音していませんか？　すべて[低高]と、後ろの音にアクセントがつきます。何度も練習して、日本語風の読みにならないように、気をつけてください。外来語も日本語的にならないように注意しましょう。「라면을」(ラーメンを) は [低高高] です。ルール②の例としては、팔이 (腕が) [高高]　사랑해요 [高高低低] など。「있어요」も [高低低] ではなく [低高低] です。

Lesson 7　夏休みのニュースレポート

★POINT!
ここがポイント！　二重パッチム

韓国のニュースを視聴する習慣をつけましょう。政治経済などのニュースは手ごわいと思いますが、天気予報は語彙が限られるので、入門にぴったりです。このレッスンでは夏の定型表現がたくさん出てきますので、しっかり学習してください。季節の単語や表現をマスターすると、韓国の天気予報を見ながら、韓国にいる気分を味わえるようになります。

読解にチャレンジ

　전국적으로 30도를 넘는 (①무덥다) 날씨가 이어져, 바다나 산 등 행락지에는 a. 많은 피서객들이 모였습니다. b. 특히 유명 해수욕장은 여름방학을 (②맞이하다) 시원한 해수욕을 c. 즐기려는 어린이들 (③　　) 붐볐습니다. ア. 여기 부산광역시 해운대 해수욕장에서도 하루종일 많은 사람들이 해수욕을 즐겼습니다. 일기예보에 따르면 내일은 오늘 (④　　) 무더워질 전망이어서 イ. 보다 많은 사람들이 해수욕장을 찾아올 것으로 예상됩니다.

Q1　本文をよく読んで、次の問いに答えなさい。　基本問題

1. 本文の内容と一致するものを選びなさい。
 a. 海水浴場には人影がまばらだ。
 b. 海水浴場は子どもたちで混雑している。
 c. 海水浴場は大人たちで混雑している。
 d. 最近は海水浴は人気がない。

2. 本文の内容と一致するものを選びなさい。

   a. 올해 여름은 그다지 덥지 않다.

   b. 올해 여름은 비가 많다.

   c. 해수욕장에는 외국인 관광객이 모였다.

   d. 해수욕장에는 피서객들이 모였다.

3. (①   ) の単語を適切な形に活用させて文を完成させなさい。

   (　　　　　　　　　　　)

4. (②맞이하다) を、「(～を)迎えて」という意味になるように活用させなさい。

   (　　　　　　　　　　　)

5. (③   )(④   ) に当てはまる助詞をそれぞれ選びなさい。

   ③ a. 로　　b. 으로　　c. 을　　d. 이

   ④ a. 부터　　b. 까지　　c. 보다　　d. 에서

6. 本文の下線部a.とb.の以下の単語の発音を、発音どおりの綴りで書きなさい。

   a. 많은: (　　　　　　　)　　b. 특히: (　　　　　　　)

7. 下線部c.は、縮約形が使われています。縮約しない表現を6文字で書きなさい。

   (　　　　　　　　　　　)

8. 下線部ア・イを日本語に訳しなさい。

   ア. _____

      _____

   イ. _____

Q2 次の問題に答えなさい。　　力だめし発展問題

1. 次の単語や文法事項を使って指定の文体のあるものはそれで作文しなさい。

【잇다 : 結ぶ、つなぎ合わせる】
a. 半島と島を結ぶ橋が完成しました。［합니다体］

_____

【이어지다 : つながる、つづく】
b. 世界につながる衛星放送

_____

【무덥다 : 蒸し暑い】
c. 今年の夏は蒸し暑い天気が続くでしょう。［합니다体］

_____

【맞이하다 : 迎える】
d. 光復節を迎えて公園は大勢の人たちで混雑しました。［해요体］

_____

【즐기다 , -려고 : ～しようと】
e. 海水浴を楽しもうと若者たちが集まりました。［합니다体］

_____

【-면 : ～たら、れば / 세요】
f. 難しければ、質問なさってください。

_____

答え合わせ Lesson 7

基本問題

Q1
1. b 2. d 3. 무더운
4. 맞이하여 5. ①a ②c
6. a. 마는 b. 트키
7. 즐기려고 하는
8. ア. ここ、釜山広域市の海雲台海水浴場でも一日中数多くの人々が海水浴を楽しみました。
   イ. さらに多くの人が海水浴に訪れると予想されています。

力だめし発展問題

Q2
1. a. 반도와 (하고) 섬을 잇는 다리가 완성됐습니다.
   b. 세계로 이어지는 위성방송.
   c. 올해 여름은 무더운 날씨가 이어질 것입니다.
   d. 광복절을 맞이하여 공원은 많은 사람들로 붐볐어요.
   e. 해수욕을 즐기려고 젊은이들이 모였습니다.
   f. 어려우면 질문하세요.

日本語訳

全国的に30度を超える蒸し暑い天気が続き、海や山などの行楽地には多くの避暑客が集まりました。特に有名海水浴場は夏休みを迎えてさわやかな海水浴を楽しもうとする子どもたちで混雑しました。ここ、釜山広域市の海雲台海水浴場でも一日中数多くの人々が海水浴を楽しみました。天気予報によれば、明日は今日より蒸し暑くなる見込みで、さらに多くの人が海水浴に訪れると予想されています。

単語をおさらい

넘다	超える	무덥다	蒸し暑い	이어지다	つながる	행락지	行楽地
피서객	避暑客	특히	特に	유명	有名	해수욕장	海水浴場
방학	休暇	맞이하다	迎える	시원하다	涼しい	즐기다	楽しむ
어린이	子供	붐비다	混雑する	일기예보	天気予報	전망	見込み
반도	半島	섬	島	잇다	結ぶ	완성	完成
광복절	光復節	젊은이	若者	찾아오다	訪れる		

前田先生の解説 Lesson 7

> CDを聞きながら、本文をもう一度音読してみましょう。
>
> 　전국적으로 30도를 넘는 **무더운** 날씨가 이어져, 바다나 산 등 행락지에는 **많은** 피서객들이 모였습니다. **특히** 유명 해수욕장은 여름방학을 **맞이하여** 시원한 해수욕을 즐기려는 **어린이들로** 붐볐습니다. 여기 부산광역시 해운대 해수욕장에서도 하루종일 많은 사람들이 해수욕을 즐겼습니다. 일기예보에 따르면 내일은 오늘보다 무더워질 전망이어서 보다 많은 사람들이 해수욕장을 찾아올 것으로 예상됩니다.
>
> 網かけの部分は、解説がある表現です。

韓国の中学生の作文を読む機会があります。よくある間違いは、①分かち書きの乱れ ②었다と였다の混同 ③되と돼の混同 ④몰르는（正しくは모르는）など活用の混乱、この４つです。分かち書きは、意識して正しく書けるようにしていきましょう。

Q1-3.
ㅂ変則用言

　Lesson 1 などで繰り返し出てきたㅂ変則用言です。この活用は、数ある変則活用の中でも非常によく使うので、繰り返し練習してマスターしましょう。"무덥다"で다시 한 번만 복습합시다. もう一度おさらい！　자, 해 봅시다！

【무덥다】 蒸し暑い

무더 ＋ 으면 → 무더우면　蒸し暑ければ
ㅂ脱落　　　우

무더 ＋ 어요 → 무더워요　蒸し暑いです
ㅂ脱落　　　워

Q1-4.
맞이하다

　「맞이하다」は「맞다」(当たる、迎える) の派生語です。「맞다」だけでも「迎える」という意味がありますが、普通は「맞이하다」のほうを多く用いるようです。「맞이하여、맞이해서」(〈機会・時期〉を迎えて) という表現であいさつなどにもよく用いられますので覚えておきましょう。名詞形「맞이」でよく使う表現に、「새봄맞이」(春を迎えること)、「달맞이」(月見) などがあります。そう言えば、釜山の海雲台にある「달맞이」と呼ばれる丘は、月見の名所として知られています。

　ところで、「맞이하여」で「迎えて」と訳すのはどうしてでしょうか。この「하여」は連用形で、縮約すると「해」になります。「～해서」(～して) の「해」です。「맞이하여」と「맞이해」は同じ意味ですが、言葉は縮約しない方が丁寧なので、「맞이하여」の方が少し丁寧な印象になります。なお、「-하여 (서)」は因果関係を暗示するので、맞이하여는、「迎えて (その結果こうなった)」というように、次の動作への

因果関係が強く感じられる表現になります。そのため、「맞이하고」とはほとんど言いません。
　「-고」は単純に動作を列挙します。「～して、そして～もする」というニュアンスです。

　正解はaの「로」。助詞「로(～で)」は、母音で終わる体言につく場合は「-로」、パッチムで終わる体言につく場合は「-으로」という形を取るのが原則ですが、ㄹパッチムで終わる体言は、으を挟まず、直接로をつけます。Lesson2 Q1-8.で学習した、ㄹ語幹用言と同じ用法です。

Q1-5-③
ㄹパッチムで終わる体言

　「ㅎ」は、音が弱くなったり、消えてしまうことがよくあります。とくに語中では、「전화」「저놔」(電話)、「만화」「마놔」(漫画)などのように、「ㅎ」はほとんど聞こえなくなる場合が多いです。語頭でも、호텔 (ホテル)の「ㅎ」も日本人の「ホ」よりは弱くなることが多いようです。しかも「ㅎ」は「하다/하게」など文法的な要素も絡んできますから、要注意です。주의하세요.

Q1-6-a.
ㅎの弱音化
二重パッチム

　「많은」は、「ㅎ」は発音せずに「마는」と発音します。同様に「많이」も、「ㅎ」の音が消えて「마니」と発音します。この時、마の後ろを少し長めに「マーヌン」、「マーニ」と発音することを覚えておきましょう。完全に1拍分伸ばすのではなく、少し長めに発音するという感じです。あくまでもニュアンスであり、韓国語には長音の記号がありませんので、表記はできません。もっとも、最近のソウル方言では、こうした長音短音の発音区別も曖昧になってきています。

　二重パッチムは、どちらか一方を発音するのが原則で、以下のように5つの音に集約されます。

発音する音	二重パッチム	単語例
ㄱ [k]	ㄳ, ㄺ	넋 (魂)　늙다 (老いる)
ㅂ [p]	ㅄ, ㄿ, ㄼ (밟다のみ)	없다 (ない)　읊다 (詠む) 밟다 (踏む)
ㄹ [l]	ㄼ, ㄽ, ㄾ, ㅀ, ㄺ (ㄱ, ㅇが続く場合のみ)	넓다 (広い)　곬 (道筋) 핥다 (しごく)　옳다 (正しい)
ㄴ [n]	ㄵ, ㄶ	앉다 (座る)　많다 (多い)
ㅁ [m]	ㄻ	젊다 (若い)

　二重パッチムの単語はそう多くはありません。しかも、たいていは「넓은 방」「널븐 방」(広い部屋)のようにパッチムがすぐ後の母音と結びついてすべて発音されますので、実はそれほど難しくないのです。

앉았다　　[안자따]　　座った
젊은 학생　[절믄 학쌩]　若い学生

　どちらを発音するのか迷うのは、「읽습니다」[익씀니다]、「넓습니다」[널씀니다] のように、습니다がつく場合です。数はそんなに多くありませんので、覚えてしまいましょう。

**Q1-6-b.
激音化**

「특히」では激音化が起こります。激音化は次のようになります。

① 「ㄱ」「ㄷ」「ㅂ」「ㅈ」パッチムの後に「ㅎ」が続くと、パッチムが「ㅎ」と結合し、激音 [ㅋ] [ㅌ] [ㅍ] [ㅊ] として発音されます。また[ㄷ]で発音される「ㅅ」は、[ㅌ] で発音します。

부탁하다　[부타카다]　頼む
잊히다　　[이치다]　　忘れられる
못하다　　[모타다]　　できない

② 「ㅎ」パッチムの後に子音の「ㄱ」「ㄷ」「ㅈ」が続くと、子音が「ㅎ」パッチムと結合し、激音[ㅋ] [ㅌ] [ㅊ]として発音されます。

좋고　[조코]　よくて
좋다　[조타]　よい
좋지　[조치]　よいでしょう

**Q2-1-a.
ㅅ変則用言**

「잇다」は「ㅅ変則用言」です。「ㅅ」パッチムで終わる語幹の直後に母音が来ると、パッチムの「ㅅ」が消えてしまいます。ただし、パッチムにつく「으」はそのまま残ります。

	原形	합니다体	해요体	仮定形
つなぐ	잇다	잇습니다	이어요	이으면
治る	낫다	낫습니다	나아요	나으면
線を引く	긋다	긋습니다	그어요	그으면
注ぐ	붓다	붓습니다	부어요	부으면
つくる	짓다	짓습니다	지어요	지으면

　よく使うㅅ変則用言は、それほど多くありません。「잇다（つなぐ）」のほか、「낫다（治る）」「긋다（線を引く）」「붓다（注ぐ）」「짓다（つくる）」などです。この５つは覚えておきましょう。

「世界につながる衛星放送」とした場合に、日本人は母語の助詞「に」の使い方に引きずられて「세계에」としてしまいがちです。しかし、「- 에」は「학교에 간다 (学校に行く)」のように位置・帰着点を表す助詞。一方の「世界につながる衛星放送」の「世界」とは、位置や帰着点ではなく、方向・指向を示しています。よって、ここでは「위로 올라간다 (上へ登る)」のように方向を表す際に用いる「- 로」が正解です。

Q2-1-b.
이어지다

家に行きましょう。
집에 갑시다.　→家が目的地
집으로 갑시다.　→家の方向へ／家に寄って別の場所へ

「이어지다」は、「잇다 (つなぐ)」の派生語で「つながる、つづく」という意味の自動詞です。さらにここから派生して、「이어서 (ひきつづき)」「잇달아 (相次いで)」といった定型表現があります。

이어서 회의가 시작됩니다.　　引き続き会議を始めます。
잇달아 교통사고가 발생했어요.　相次いで交通事故が発生しました。

「- 려고 하다」は「～しようと思う」ですが、하다を省略して「려고」だけでも用います。まさに「～しようと」です。

Q2-1-e.
-려고

여행 가려고 비행기 표 예약했어요.
旅行に行こうと飛行機を予約しました。
한국어를 더 열심히 공부하려고 어학당에 유학했습니다.
韓国語をもっと一生懸命勉強しようと語学堂に留学しました。

前田先生のユジャチャでひと息　お勧めの韓国語辞書

みなさん、辞書は何をお使いですか？　いろいろありますが、中級以上の人には断然小学館の『朝鮮語辞典』をお勧めします。用例が豊富で日本語との対照にも気を配っている点、囲み記事・対照表などが豊富な点、発音記号がのっている点。そして「発音解説」「用言の活用表」などの付録が充実している点など、実によくできた辞書です。

最近、待望の姉妹編『日韓辞典』(2008年9月) も出ました。こちらも今までの韓国で出版された日韓辞典類とは違い、日本語話者のためのつくりになっていて、「使い分け」コラムは役に立ちます。

Lesson 8　出産ニュース

★POINT!
ここがポイント！　伝聞・引用表現

今回はテレビニュースからひろった話題です。今やインターネットで韓国のニュースがすぐに視聴できる時代です。言葉の勉強は、その国の社会や文化全般にわたる関心につながります。韓国のニュースを見ることが習慣になれば、韓国語の力と同時に、韓国に対する愛着が生まれてきます。

読解にチャレンジ

오늘 대구에 a. <u>사는</u> 30대 (①夫婦)에게 네쌍둥이가 태어나 화제 b. _____ 되고 있습니다. 대구광역시 달서구*에 사는 33살 박선희 씨가 딸 c. ___3___ 명과 아들 d. ___1___ 명, 모두 네쌍둥이를 (②出産)했습니다.

ア. <u>태어난 네쌍둥이의 몸무게는 각 1.9kg 정도로 건강하다고 합니다.</u> 네쌍둥이의 (②出産) 소식 e. _____ イ. <u>부부는 물론 지역 주민들도 크게 기뻐했습니다.</u>

＊달서구…達西区

Q1　本文をよく読んで、次の問いに答えなさい。　基本問題

1. 本文の内容と一致するものを選びなさい。
　a. 大邱で３つ子が生まれた。
　b. 大邱で４つ子が生まれた。
　c. 大邱で双子が生まれた。
　d. 大邱で双子が４組生まれた。

Lesson 8

2. 本文の内容と一致するものを選びなさい。
　　a. 딸 2명 아들 1명이 태어났다.
　　b. 4명의 여자 아기가 태어났다.
　　c. 아들 1명 딸 3명이 태어났다.
　　d. 아기 몸무게는 큰 차이가 있다.

3. 下線部a.の動詞の原形を書きなさい。
　　(　　　　　　　　　　)

4. 下線部b.に当てはまる助詞を下のa〜dから選びなさい。
　　a. 로　　b. 에　　c. 가　　d. 이

5. 下線部c.とd.の数字を、ハングルで記入しなさい。
　　c. (　　　　　　　　　) 　d. (　　　　　　　　　　)

6. 下線部e.に当てはまる助詞を下のa〜dから選びなさい。
　　a. 이　　b. 에　　c. 으로　　d. 에게

7. ①〜②の漢字の読み方をハングルで書きなさい。

　　① _____　② _____

8. 下線部ア・イを日本語に訳しなさい。

　　ア. _____
　　　 _____

　　イ. _____

Q2 次の問題に答えなさい。　　　力だめし発展問題

1. 次の単語や文法事項を使って、指定の文体で作文しなさい。

【열심히：一生懸命 / -려고：〜しようと】
a. 一生懸命生きようと努力しました。[해요体]

_____

【伝聞】
b. 雪岳山は紅葉がきれいだそうです。[합니다体]

_____

c. 台湾 (대만) に飛行機で行くそうです。[해요体]

_____

【기다리고 기다리던：待ちに待った / 기뻐하다：喜ぶ】
d. 待ちに待った友達がやってきて喜んだ。[-다：下称体]

_____

【물론：もちろん】
e. 料理はもちろん、掃除もよくできます。[합니다体]

_____

【슬퍼하다：悲しむ / 지 않다】
f. いくら悲しんでも死んだ人は戻ってこない。[-다：下称体]

_____

【살다：住む、生きる】
g. ソウルに住む学生が対象です。[합니다体]

_____

Let's Read!　タイムを計りながら本文を音読し、それぞれタイムを記入しなさい。(目標タイム：35秒)

答え合わせ　Lesson 8

基本問題

Q1
1. b
2. c
3. 살다
4. c
5. c. 세　d. 한
6. b　**7.** a. 부부　b. 출산
8. ア 생まれた4つ子の体重はそれぞれ1.9キロほどで、健康だそうです。
　イ 夫婦はもちろん地域の住民たちも大喜びでした。

力だめし発展問題

Q2
1. a. 열심히 살려고 노력했어요.
　b. 설악산은 단풍이 아름답다고 합니다.
　c. 대만에 비행기로 간다고 해요.
　d. 기다리고 기다리던 친구가 와서 기뻐했다.
　e. 요리는 물론, 청소도 잘합니다.
　f. 아무리 슬퍼해도 죽은 사람은 돌아오지 않는다.
　g. 서울에 사는 학생이 대상입니다.

日本語訳

　今日、大邱に住む30代の夫婦に4つ子が生まれ、話題になっています。大邱広域市達西区に住む33歳のパク・ソニさんが、娘3人と息子1人、全部で4つ子を出産しました。
　生まれた4つ子の体重は、それぞれ1.9キロほどで健康だそうです。4つ子の出産の知らせに、夫婦はもちろん地域の住民たちも大喜びでした。

単語をおさらい

부부	夫婦	쌍둥이	双子	태어나다	生まれる	화제	話題
딸	娘	아들	息子	몸무게	体重	건강하다	健康である
소식	知らせ	물론	もちろん	지역	地域	주민	住民
기뻐하다	喜ぶ	열심히	一生懸命	노력	努力	단풍	紅葉
기다리다	待つ	슬퍼하다	悲しむ				

前田先生の解説　Lesson 8

CDを聞きながら、本文をもう一度音読してみましょう。

　오늘 대구에 사는 30대 부부에게 **네쌍둥이**가 태어나 화제가 되고 있습니다. 대구광역시 달서구에 **사는** 33살 박선희 씨가 딸 세 명과 아들 한 명, 모두 네쌍둥이를 출산했습니다.
　태어난 네쌍둥이의 몸무게는 각 1.9kg 정도로 **건강하다고 합니다**. 네쌍둥이의 출산 소식에 부부는 **물론** 지역 주민들도 크게 기뻐했습니다.

網かけの部分は、解説がある表現です。

　今回の要の単語である「쌍둥이」(双子)。「둥이」というのは、「童、坊」といった意味の接尾辞です。ウォーミングアップに、接尾辞がついて人を表す言葉を集めてみました。
【-둥이】바람둥이 (浮気者)　【-쟁이】거짓말쟁이 (うそつき)
【-꾸러기】심술꾸러기 (いじわる)、말썽꾸러기 (問題児)、
잠꾸러기 (寝坊助)　【-꾼】사기꾼 (詐欺師)、구경꾼 (見物人)
【-보】울보 (泣き虫)、뚱뚱보 (太っちょ)　【-이】늙은이 (お年寄り)、
젊은이 (若者)　【-잡이】왼손잡이 (左利き)

Q1-1.
双子・四つ子

　韓国語で双子のことを「쌍둥이」と言います。そして四つ子は「네쌍둥이」。文字だけを見ると、「4双子」で、ややもすると「4組の双子」と勘違いするかもしれません。「4組の双子」は、「네 쌍의 쌍둥이 (4対の双子)」と表現します。なお3つ子の場合は「세쌍둥이」。納得しました？　납득이　갔어요?

Q1-3.
ㄹ語幹用言の連体形
ㄹ語幹用言
→Lesson2

　何度も出てきているㄹ語幹用言を問う問題です。ここでの사는は、ㄹ語幹用言「살다」(生きる、暮らす)の連体形。「사다」の連体形「사는」ではありません。と言っても、法則的に見分ける方法はなく、前後の意味から判断します。ここでは、直前に「대구에」(大邱に)とありますから、「買う」ではなく、「住む」であるとわかるわけです。しつこいほど出てきていますが、ㄹ語幹用言については、Lesson2を参照してください。

Q2-1-a.
열심히

　「一生懸命」にあたる韓国語は「열심히」(熱心に) です。発音は [열씨미]。日本語でよく「頑張ってください」と言いますが、韓国語では「열심히 하세요」(熱心にしてください)。最近の若い人は、励ますときにはコングリッシュ (韓国製英語) の「화이팅!/파이팅!」(Fighting) をよく使います。

Lesson 8

「誰それが、××と言いました」「誰それによれば、××だそうです」という伝聞表現。間接話法あるいは、引用表現とも言います。

Q2-1-b～c.
伝聞・
引用表現

①名詞・体言：名詞＋指定詞語幹이＋라고 하다

일본사람이라고 했어요． 日本人だそうですよ。
　　└名詞└指定詞語幹

②形容詞・存在詞（있다/없다）：語幹＋다고 하다

언니를 아주 예쁘다고 했어요． お姉ちゃんのこときれいだって言ってたわよ。
　　　　　　└形容詞語幹
어머니도 젊었을 때는 예뻤다고 했어요． 母さんも、若かった頃はきれいだったそうですよ。
　　　　　　　　└時制に関わらず、"다고 하다"を用います。

③動詞現在形（母音・ㄹ語幹）：語幹＋ㄴ다고 하다

오늘 서울에 온다고 했어요． 今日ソウルに来ると言っていました。
　　　　　└오다の語幹오（母音語幹）

④動詞現在形（子音語幹）：語幹＋는다고 하다

매일 김치를 먹는다고 해요． 毎日キムチを食べるそうです。
　　　　　└먹다の語幹먹（子音語幹）

⑤動詞過去形：語幹＋았/었다고 하다

어제 백화점에서 샀다고 했어요． 昨日デパートで買ったそうですよ。
　　　　　　└사다 + 았
도서관에서 읽었다고 했어요． 図書館で読んだそうですよ。
　　　　└母音語幹・子音語幹の区別はしません

ちなみに、直接話法は、「"相手の話"＋라고 하다」。라고を省略して、相手の言葉に直接「하다」をつけることもあります。

"일본에서 왔어요"라고 했어요． 「日本から来ました」と言いました。
형은 "난 싫어" 했어요． 　　　兄さんは「僕は嫌だ」だそうです

69

Q2-1-d.	「下称体」とは聞き慣れない言葉ですが、主に新聞記事や書籍などで用いられる「だ・である」調の言い回しのことです。基本的には、丁寧な「해요」や「합니다」と異なり原形をそのまま使いますが、動詞の現在形に対してだけは、語幹と「다」の間に「ㄴ/는」を挟みます。
下称体	

　　　名詞：　　　　이것은 김치다.　　　これはキムチだ。
　　　　　　　　　　　　　　　　　　母音で終わる名詞につくときは이は縮約されます。
　　　名詞：　　　　김치는 한국음식이다.　キムチは韓国の食べ物だ。
　　　形容詞：　　　김치는 맵다.　　　　キムチは辛い。
　　　動詞 母音語幹：김치를 먹으러 간다.　キムチを食べに行く。
　　　　　 子音語幹：김치를 먹는다.　　　キムチを食べる。
　　　　　 過去形　：김치를 먹으러 왔다.　キムチを食べに来た。

Q2-1-e.	漢字で書くと「勿論」。用法だけでなく、発音も日本語によく似ており、覚えやすい表現のひとつです。「もちろん」「当然」の表現をおさらいしましょう。
물론	

물론 (勿論)
「もちろん」、「無論」という副詞で、「〜はもちろん、……も……だ」という用法でも使います。様々なニュアンスに使えますが、話者の感情、信頼といったニュアンスがあります。

　　기차는 물론 비행기도 좋아합니다.　汽車は勿論、飛行機も好きです。

당연히 (当然)
形容詞「당연하다」(当然だ)の副詞形。必ず、後続の用言・文章を修飾します。物事の道理として当然、というニュアンスです。

　　당연히 제가 가야 합니다.　当然、私が行かなくてはなりません。

그럼
感嘆詞のひとつで、必ず「그럼」「그럼요」の形で、「もちろんですよ」と独立した文章になります。「もちろん〜だ」のように、文章を修飾することはありません。

　　그럼요.　もちろんですよ.　（発音は [그럼뇨]）

ところで、数年前に若い人の間で大流行し、かなり定着してしまった言葉に、「당근이지?」があります。これは、直訳すると「ニンジンでしょ？」。「당연하다」を使った「당연하지?」(当然でしょ？)に音が似ていることから、「当然でしょ？」の意味で使われるようになったスラングです。普通の言葉のひとつと思っている学習者

も多いようですが、若者言葉なので、目上の方には使わないようにしましょう。
당연하죠？（当然ですよね？）

パズルでハングル ① 四字熟語を探せ！

침	소	기	의	학
소	마	이	동	풍
봉	성	침	공	전
대	동	소	이	등
문	구	발	곡	화
나	이	심	전	심

（例）

① 左の表には、下に示した四字熟語が隠れています。探し出して、カッコにハングルで書き出してみましょう。

例）以心伝心　　（　　이심전심　　）
風前（の）灯火　（　　　　　　　）
　針小棒大　　（　　　　　　　）
　大同小異　　（　　　　　　　）
　異口同音　　（　　　　　　　）
　同工異曲　　（　　　　　　　）
　意気消沈　　（　　　　　　　）
　馬耳東風　　（　　　　　　　）

② 右の表には、日本語と韓国語で同じ文字を使う四字熟語が隠れています。すべて見つけ出して書き出し、右側に韓国語で書いてみましょう。

麻	中	安	川	人
乱	不	心	一	美
刀	日	立	石	方
快	進	命	二	八
学	月	風	鳥	花
新	歩	楽	音	山

　　日本語　　　　　　韓国語
（　　　　　　）（　　　　　　）
（　　　　　　）（　　　　　　）
（　　　　　　）（　　　　　　）
（　　　　　　）（　　　　　　）
（　　　　　　）（　　　　　　）
（　　　　　　）（　　　　　　）
（　　　　　　）（　　　　　　）

解答はp.237にあります。

Lesson 9　ピクニック

★POINT!
ここがポイント！　ことわざ

韓国人はピクニックが好きです。ちょっとしたピクニックも「등산」(登山)と言いますので驚くことがあります。韓国で「도시락」(弁当)と言えば「김밥」(のり巻き)です。今回のリスニングは、ピクニックと弁当に関する話題です。「금강산」(金剛山)という山の名前も聞こえてきますが……。

聞き取りにチャレンジ

まずはCDの音声を聞いてみましょう

CD track 09

Q1 CDをよく聞いて、次の問いに答えなさい。　　聞き取り問題

1. 2人はどこに行きましたか？
　a. 川　　b. 山　　c. 海　　d. 公園

2. 内容と一致するものを選びなさい。
　a. 2人は川辺でお弁当を食べた。
　b. お母さんがお弁当を買ってくれた。
　c. お母さんがお弁当を作ってくれた。
　d. 2人は山の頂上でお弁当を食べた。

3. 内容と一致するものを選びなさい。
　a. 둘은 금강산에 왔다.
　b. 딸이 먼저 도시락을 먹고 싶어 했다.
　c. 이 날은 너무 더웠다.
　d. 아빠는 자주 산에 올라온다.

4. 2人のお弁当にないものはどれですか？
　a. のり巻き　　b. サンドイッチ　　c. リンゴ　　d. バナナ

Lesson 9

下の文章を見ながらCDの音声を何度もくり返し聞いてみましょう

CD track 09

아빠 : 오래간만에 산에 오르 a.＿＿＿＿ 기분이 참
　　　（①　　　　）.
딸　 : 네. （②　　　　） 가 너무 b.[말꼬] 상쾌해요.
아빠 : ア. 힘들면 조금 쉬어갈까?
딸　 : 아빠, c.＿＿＿＿＿＿ 이라고 （③　　　　）.
　　　イ. 배고픈데 도시락 먹고 올라가면 안 될까요?
아빠 : 그래. 잠시 저쪽 나무 （④　　　） 앉아서 （⑤　　　）
　　　을 （⑥　　　）.
딸　 : 엄마가 무엇을 （⑦　　　） 주셨을까요? 우와!
　　　（⑧　　　） 하고 샌드위치, 바나나도 있어요. 많이
　　　（⑨　　　）, 아빠.
아빠 : 그래. 정말 （⑩　　　　）.

Q2 次の問題に答えなさい。　　　基本問題

1. 下線部a.には理由・原因を表す接続語尾が入ります。次から選びなさい。
　a. 는데　　b. 으니　　c. 니　　d. 려

2. CDをよく聞いて、本文の空欄①〜⑩に適切な語を記入しなさい。

①＿＿＿＿　②＿＿＿＿　③＿＿＿＿

④＿＿＿＿　⑤＿＿＿＿　⑥＿＿＿＿　⑦＿＿＿＿

⑧＿＿＿＿　⑨＿＿＿＿　⑩＿＿＿＿

3. b.[말꼬]は発音通りに表記しています。正しいつづりを書きなさい。

   (   )

4. 空欄c.にはことわざが入ります。CDをよく聞いて韓国語で書き入れ、ほぼ同じ意味の日本語のことわざを書きなさい。

   韓国語＿＿＿＿＿＿＿＿＿＿＿＿＿＿＿＿＿＿＿＿＿＿＿＿＿＿＿

   意味 ＿＿＿＿＿＿＿＿＿＿＿＿＿＿＿＿＿＿＿＿＿＿＿＿＿＿＿

5. 下線部ア・イを日本語に訳しなさい。

   ア.＿＿＿＿＿＿＿＿＿＿＿＿＿＿＿＿＿＿＿＿＿＿＿＿＿＿＿＿

   イ.＿＿＿＿＿＿＿＿＿＿＿＿＿＿＿＿＿＿＿＿＿＿＿＿＿＿＿＿

Q3 次の問題に答えなさい。　　　　力だめし発展問題

1. 次の単語や文法事項を使って、指定の文体で作文しなさい。

   【안 될까요？：〜いけないですか】
   a. ここで休んではいけないですか？ [해요体]

   ＿＿＿＿＿＿＿＿＿＿＿＿＿＿＿＿＿＿＿＿＿＿＿＿＿＿＿＿＿

   【드시다：召し上がる】
   b. おいしくお召し上がりください。[해요体]

   ＿＿＿＿＿＿＿＿＿＿＿＿＿＿＿＿＿＿＿＿＿＿＿＿＿＿＿＿＿

Let's Read! タイムを計りながら本文を音読し、それぞれタイムを記入しなさい。(目標タイム：40秒)

1回目	2回目	3回目	4回目	5回目	6回目	7回目	8回目	9回目	10回目

Lesson 9

答え合わせ　Lesson 9

聞き取り問題

Q1
1. b　2. c　3. b　4. c

基本問題

Q2
1. c
2. ①좋구나　②공기　③하잖아요　④밑에　⑤점심
   ⑥먹자　⑦싸　⑧김밥　⑨드세요　⑩맛있구나
3. 맑고
4. 韓国語：금강산도 식후경　　意味：花より団子
5. ア．疲れるならちょっと休んでいこうか？
   イ．おなかがすいたからお弁当を食べて登っちゃだめですか？

力だめし発展問題

Q3
1. a. 여기서 쉬면 안 될까요?
   b. 맛있게 드세요.

日本語訳

父：久しぶりに山に登ると気分がとってもいいなぁ。
娘：ええ。空気がとっても澄んでさわやかですね。
父：疲れるならちょっと休んでいこうか？
娘：お父さん、花より団子っていうじゃないですか。おなかがすいたからお弁当を食べて登っちゃだめですか？
父：そうだね。ちょっとあっちの木の下に座ってお昼ごはんを食べよう。
娘：お母さんが何を作ってくれたでしょうか？　わあ！　のり巻きとサンドイッチ、バナナもあります。いっぱい召し上がってください、お父さん。
父：ああ、本当においしいなぁ。

● 単語をおさらい

오르다	登る	참	とても	기분	気分	좋다	良い
공기	空気	맑다	澄む	상쾌하다	さわやかだ	쉬다	休む
도시락	弁当	올라가다	上る	잠시	しばらく	나무	木
싸다	作る	김밥	のり巻き				

前田先生の解説　Lesson 9

CDを聞きながら、本文をもう一度音読してみましょう。

아빠 : 오래간만에 산에 오르니 기분이 참 좋**구나**.
딸　 : 네. 공기가 너무 **맑고** 상쾌해요.
아빠 : 힘들면 조금 쉬어갈까?
딸　 : 아빠, **금강산도 식후경**이라고 하잖아요. 배고픈데 도시락 먹고 올라가면 안 **될까요**?
아빠 : 그래. 잠시 저쪽 나무 밑에 앉아서 점심을 먹자.
딸　 : 엄마가 무엇을 **싸** 주셨을까요? 우와! 김밥하고 샌드위치, 바나나도 있어요. 많이 **드세요**, 아빠.
아빠 : 그래. 정말 맛있구나.

網かけの部分は、解説がある表現です。

　　　今回は、ことわざを取り上げました。ことわざにはその民族の知恵が凝縮してこめられています。韓国のことわざは、日本と共通のものが多く、文化的な親近性が確認できます。似ているけれども、「へーこんな言い方をするのか」と新鮮に感じられますね。

Q1-2.
濃音の聞き取り

　　正解はcの「お母さんがお弁当を作ってくれた」。bの「お母さんがお弁当を買ってくれた」と間違えた方はいませんか。濃音「싸」をきちんと聞き取れるかがポイントです。[싸]と[사]の聞き分けは難しいです。濃音それ自体を聞き分けようとするより、音の高さに注意を向けてみてください。濃音のほうが高く発音されます。濃音・激音・ㅅは、平音より高く発音されることが多いのです。実はこれ、発音する時のポイントでもあります。この原則、発音する時にも意識してみてください。

Q2-1.
-니, -니까
原因・理由
→Lesson15

　　「-니」は「-니까」の略で、用言の語幹について、「〜から、〜ので」などの原因・理由を表します。子音語幹につく場合は「으니(까)」となり、後ろには命令、勧誘、願望、確信などを表す表現が続きます。

　　　　비가 오니까 빨리 갑시다.
　　　　雨が降ってくるから、はやく行きましょう。(勧誘)
　　　　제가 읽을 테니까 쓰세요.
　　　　私が読みますから、書いてください。(丁寧な命令)

客観的な結果が続く場合は、通常아서/어서を使うのが一般的です。

△비가 오니까 집에 갔어요.
○비가 와서 집에 갔어요.　雨が降るので家に行きました。

니(까) は、前置きを表す「～すると、したら」の意味でも使われます。

학교에 가니 벌써 친구가 와 있었다.
学校に行くと、もう友達が来ていた。

用言語幹について、「～だなあ」と、話者が見聞きした事実に対して感嘆した様子を表す口語表現です。母音語幹・子音語幹の区別はありませんが、動詞の現在形につく場合は、「-는구나」となります。また、指定詞「이다」につくときは、多くの場合指定詞が省略されて体言に直接接続します。

Q2-2-①、⑩
-구나

맛이 있구나.　　おいしいなあ。
그렇구나.　　　なるほどなあ。
이렇게 먹는구나.　こうやって食べるんだなあ。
역시 남자구나.　　やっぱり男だなあ
　　└─남자이구나の縮約

以上は、いずれもパンマルです。もう少し丁寧に表現する場合は、「-군요」を使います。

날씨가 참 좋군요.　天気がとってもいいですね。
그렇군요.　　　　　そうなんですね (なるほど)。

「그렇군요」は、覚えておくと、とても韓国語が上手に聞こえます。ぜひ覚えてください。

勧誘表現は、Lesson3で勉強しましたね。もう一度復習しましょう。「(一緒に)～しましょう」と、相手を誘う表現は、2種類ありました。ひとつは、「ㅂ시다/읍시다」、もうひとつは「자」です。「ㅂ시다/읍시다」は比較的丁寧な表現で、「자」は友達同士で使うパンマル (ぞんざい言葉) でしたね。

Q2-2-⑥
勧誘表現
→Lesson3

술 한잔합시다.　お酒、一杯やりましょう。
술 한잔하자.　　お酒、一杯やろうよ。

せっかく飲みに行く気分になっているのに、ちょっと注意を一言。「한잔하자」はもちろん、「한잔합시다」も、目上の人には使わない方がいいですよ。目上の人には、こんな言い回しを使います。

하시면 어떻습니까?　～されてはいかがですか。
하시지 않겠습니까?　～なさいませんか。

Q2-3.
二重パッチムの読み
→Lesson7

正解は「맑고」。「맑다」(清い)の語幹に「-고」がついた形です。二重パッチムの読み方は、Lesson7で勉強しました。「ㄺ」はどちらを読みますか？　そう、「ㄱ」ですね。そして、二重パッチムは後ろに母音が続くと、右側のパッチムと母音が結びついて、両方を発音するんでした。「ㄺ」は、それに加えて後ろに「ㄱ」が続いた場合も、両方を読みます。この場合、右側の「ㄱ」は、後続の「ㄱ」と結びついて「ㄲ」、つまり濃音で発音します。

綴り		発音
맑은 →	말ㄱ은 →	[말근]
맑고 →	말ㄱㄱㅗ →	[말꼬]

Q2-4.
ことわざ

「금강산도 식후경」(金剛山も食後景)は、大変有名な속담(ことわざ)です。金剛山は、今は北朝鮮にありますが、朝鮮半島随一の名勝です。そんな絶景も、食欲には敵わない、食事をしてから見物しようという意味で、日本のことわざの「花より団子」と全く同じ意味です。転じて、「腹が減っては戦はできぬ」の意味で用いられることもあります。p.228も参照してください。

가는 말이 고와야 오는 말이 곱다	行く言葉がきれいでこそ、来る言葉もきれいだ
그림의 떡	絵に描いたもち
꿩 먹고 알 먹는다	キジを食べて卵を食べる（一石二鳥）
돌다리도 두드려 보고 건너라	石橋もたたいてわたれ
세 살 적 버릇이 여든까지 간다	3歳の時のくせ、80歳まで行く （三つ子の魂百まで）
아니 땐 굴뚝에 연기 날까	火をつけていない煙突から煙が出るか （火のないところに煙はたたず）
젊었을 때 고생은 사서도 해라	若い時の苦労は買ってでもせよ
티끌 모아 태산	ちりも積もれば山となる
호랑이도 제 말 하면 온다	トラも自分のうわさをすればやってくる （噂をすれば影）

「-ㄹ까요?」は、해요体のみにある口語表現です。1)「～でしょうか？」という、推測や疑念の表現、2)「～しましょうか？」という、話し手の意志の表現、3)「(一緒に) ～しましょうか？」と、話し手と共同の行動を勧誘という３つの意味があります。子音語幹につく場合は、「-을까요?」となります。

Q2-5-ア～イ.
-ㄹ까요?

1) 내일은 비가 올까요?　明日は雨が降るでしょうか？
2) 제가 갈까요?　私が行きましょうか？
3) 같이 갈까요?　一緒に行きますか？

和訳問題には、いずれも「-ㄹ까」という表現が出てきます。アの「쉬어 갈까?」は、「쉬어 갈까요?」のパンマルで、「(一緒に) 休んでいくかい」。3)の意味ですね。一方、イの「안 될까요?」は、「ダメでしょうか？」。「ダメかもしれない」という疑念の形を取って、実際には相手の意志を確認する表現です。「안 돼요?」(ダメですか)では単刀直入すぎるので、自分の疑念・不安を強調して質問を和らげる、婉曲表現の一種です。先ほど復習した勧誘表現とのニュアンスも、確認しておきましょう。

-ㄹ까요と
-ㄹ래요
→**Lesson18**

a. 같이 갑시다.　一緒に行きましょう.
b. 같이 갈까요?　一緒に行きますか？

aは、相手に有無を言わさず、手を引っ張っていくイメージ。一方bは、「自分は行くけど、あなたもどうですか」というニュアンスです。

「드시다」は、「먹다」(食べる)、「마시다」(飲む) の尊敬表現として習います。では、「드시다」の原形は何でしょう？　答えは、「들다」です。日本語でも、「食事をする」の美化語に「食事を取る」という表現がありますが、韓国語でも「들다」(取る、持つ) という表現を使うのです。自分に対して、「드시다」という尊敬表現を使うことはできませんが、「들다」自体は美化語に過ぎません。ですから、「자, 많이 듭시다.（さあ、いっぱい食べましょう。）」のように自分を含めて丁寧に言う場合にも使えます。

Q3-1-b.
드시다
尊敬表現
→**Lesson20**

覚えておきたい美化語を、おさらいしましょう。

美化語

お歳	나이－연세	お言葉	말－말씀
お食事	밥－진지	いらっしゃる	있다－계시다
お父様	아버지－아버님*	お母様	어머니－어머님*
ご子息	아들－아드님*	お嬢様	딸－따님
亡くなる	죽다－돌아가시다	お休みになる	자다－주무시다

＊それぞれ [아번님]、[어먼님]、[아든님] と発音されることが多い。

Lesson 10　清渓川

★POINT!　ここがポイント!　-아/어지다

　清渓川はソウルの「元気」を象徴しています。都会のど真ん中を工事して、川を復元してしまったのです。その思い切った判断と、すばやい完成には驚かされました。清渓川のおかげで、その周辺の夏の気温は随分下がったとか。私はソウルに行けば必ず清渓川を歩き、ソウルの元気をもらいます。

聞き取りにチャレンジ
まずはCDの音声を聞いてみましょう

CD track 10

Q1 CDをよく聞いて、次の問いに答えなさい。　**聞き取り問題**

1. 話題の中心となっている川の名前を選びなさい。
   a. 천계천　　b. 종개천
   c. 청계천　　d. 전계천

2. 内容と一致するものを選びなさい。
   a. 清渓川は、新しく建設された川である。
   b. 新しい清渓川は、噴水や滝がとても美しい。
   d. 前田さんは、清渓川が整備されたことを知らなかった。
   c. 翌日、前田さんとハンさんは、友達と3人で清渓川に出かけることになった。

3. 内容と一致するものを選びなさい。
   a. 둘은 청계천에 가게 되었다.　　b. 청계천에는 폭포가 없다.
   c. 청계천이 새 단장을 했다.　　d. 둘은 청계천에서 데이트를 했다.

4. ハンさんが、前田さんの誘いを断った理由を日本語で書きなさい。

_____

Lesson 10

下の文章を見ながらCDの音声を何度もくり返し聞いてみましょう

한영희 : 마에다 씨, ア. 청계천이 새 단장을 했다는데 아시나요?
마에다 : 네. 청계천이 아주 (①   )는 이야기를 저도
         (②   ). 특히, (③   ) 와 폭포가 아주
         (④   )고 해요.
한영희 : 네, a.[마자요]. イ. 데이트 코스로도 인기가 많다고 해요.
마에다 : b. _____ 이라고 c.[하자나요].
         내일 주말인데 같이 (⑤   )?
한영희 : (⑥   ), 마에다 씨. 내일은 친구와
         (⑦   ) 있기 때문에 못 가겠네요.

Q2 次の問題に答えなさい。　　基本問題

1. CDをよく聞いて①～⑨にハングルを記入しなさい。

① _____　② _____　③ _____

④ _____　⑤ _____

⑥ _____　⑦ _____

2. a.[마자요]　c.[하자나요]は発音通りに表記しています。正しいつづりに直して書きなさい。

a. _____　b. _____

3. 下線部b.に入る故事成語を、次の中から選び、日本語で意味を書きなさい。

a. 백문이 불여일견　　b. 유비무환　　c. 배수진　　d. 새옹지마

日本語_____

前田式韓国語中級文法トレーニング

4. 下線部ア～イ を日本語に訳しなさい。

ア. _____

イ. _____

Q3 次の問題に答えなさい。　　　　　　力だめし発展問題

1. 次の単語や文法事項を使って、指定の文体で作文しなさい。

【-아/어지다：～(く)なる】
a. 昨日より良くなりました。[합니다体]

_____

【-는데：～するのに、～するが、～だが / 안否定】
b. その人は来ると言ったのに、来ませんでした。[해요体]

_____

【-나：(疑問を表す) ～か、のか / 무슨：何の、どういう】
c. どういうご用件でいらっしゃいましたか？[해요体]

_____

【-지 않겠어요：～ませんか】
d. 一緒に映画を見に行かれませんか？[해요体]

_____

【-기 때문에：～するので、～するせいで】
e. 努力をしたので成功しました。[합니다体]

_____

Let's Read! タイムを計りながら本文を音読し、それぞれタイムを記入しなさい。(目標タイム：35秒)

1回目	2回目	3回目	4回目	5回目	6回目	7回目	8回目	9回目	10回目

答え合わせ Lesson 10

聞き取り問題

Q1
1. c 2. b 3. c 4. 友達と約束があるから。

基本問題

Q2
1. ①아름다워졌다 ②들었어요 ③분수 ④멋지다
   ⑤가시지 않겠어요 ⑥미안해요 ⑦약속
2. a. 맞아요 b. 하잖아요
3. a／百聞は一見にしかず
4. ア. 清渓川が生まれ変わったのですが、ご存じですか？
   イ. デートコースとしても人気が高いそうですよ。

力だめし発展問題

Q3
1. a. 어제보다 좋아졌습니다.
   b. 그 사람은 온다고 했는데 안 왔어요.
   c. 무슨 일로 오셨나요?
   d. 같이 영화를 보러 가시지 않겠어요?
   e. 노력을 했기 때문에 성공했습니다.

日本語訳

ハン・ヨンヒ：前田さん、清渓川が生まれ変わったのですが、ご存じですか？
前田：はい、清渓川がとっても美しくなったという話を私も聞きました。
　　　特に噴水と滝がとても素敵だそうです。
ハン・ヨンヒ：ええ、そうです。デートコースとしても人気が高いそうですよ。
前田：百聞は一見にしかずって言うじゃないですか。明日週末ですけど一緒に行きませんか？
ハン・ヨンヒ：ごめんなさい、前田さん。明日は友達と約束があるので行けません。

● 単語をおさらい

새	新	단장	装い	아름답다	美しい	이야기	話
특히	特に	분수	噴水	폭포	滝	멋지다	素敵だ
데이트	デート	코스	コース	주말	週末	영화	映画
성공	成功						

前田先生の解説　Lesson 10

> CDを聞きながら、本文をもう一度音読してみましょう。
>
> 한영희 : 마에다 씨, 청계천이 새 단장을 했다는데 아시나요?
> 마에다 : 네. 청계천이 아주 아름다워졌다는 이야기를 저도 들었어요.
> 　　　　특히, 분수와 폭포가 아주 멋지다고 해요.
> 한영희 : 네, 맞아요. 데이트 코스로도 인기가 많다고 해요.
> 마에다 : 백문이 불여일견이라고 하잖아요. 내일 주말인데 같이 가시지 않겠어요?
> 한영희 : 미안해요, 마에다 씨. 내일은 친구와 약속 있기 때문에 못 가겠네요.
> 網かけの部分は、解説がある表現です。

負け惜しみではありませんが、清渓川は1人で歩いても気持ちを晴れ晴れとさせてくれます。ソウルのアベック、家族連れを観察しながら、闊歩しようではありませんか。「ふる」は「뿌리치다」で、「남자를 뿌리쳤다」。「ふられる」は「차이다／퇴짜 맞다」で、「그녀에게 차이고 말았다」、「다시 퇴짜 맞았어요」。

Q2-1-①
-아/어지다

形容詞の語幹について、「～(く)なる」という状態の変化を表す表現です。陽母音には「-아지다」、陰母音には「-어지다」を使います。

　　유명해졌어요.　　　有名になりました。
　　아주 예뻐졌습니다.　とてもきれいになりました。

よく似た意味に「-게 되다」があります。日本語に訳すと両方「～になる」ですが、「아/어지다」は、「徐々に／自然に～になる」というように、状態が自然に変化する意味。一方「-게 되다」は、「結局／とうとう～するようになった」のように、何かきっかけがあって、その結果こうなったという、結果に重きを置いた表現です。

　　교실은 차차 조용해졌다.
　　教室はしだいに静かになった。(徐々に、自然に)
　　교실은 갑자기 조용하게 됐다.
　　教室は突然静かになった。(人為的・意志的)

前者は、先生が静かになるのを待っているうちに、自然に静かになったというニュアンス。後者は、例えば先生が教室に入ってきた、にらみつけたなど、静かになるきっかけ、理由があってそうなったというニュアンスです。後者は、動詞にも使えます。

결국 내가 담당하게 되었다.
結局私が担当することになった。

この表現は、「담당해지다」は使えません。

들었어요は、ㄷ変則用言「듣다」の해요体過去形です。ㄷ変則については、Lesson3で勉強しました。覚えていますか？ 過去形でも「ㄷパッチムで終わる語幹の直後に母音が来ると、パッチムの『ㄷ』が『ㄹ』に変わる」というルールはそのまま。합니다体は、現在形ではㄷパッチムの直後がㅅなので変則活用しませんでしたが、過去形では았/었と、母音が入るので変則活用します。

Q2-1-②
ㄷ変則用言
→**Lesson3**

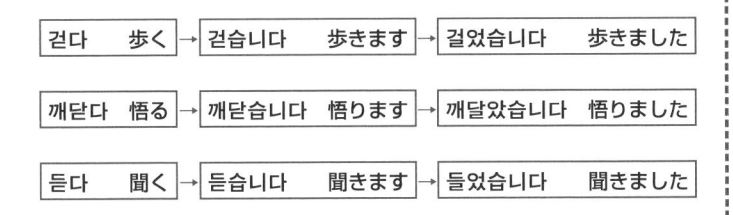

걷다　歩く	→	걷습니다　歩きます	→	걸었습니다　歩きました
깨닫다　悟る	→	깨닫습니다　悟ります	→	깨달았습니다　悟りました
듣다　聞く	→	듣습니다　聞きます	→	들었습니다　聞きました

否定形を使って、婉曲に勧誘する表現です。動詞の語幹について、「～しませんか」の意になります。特に、目上の人に対しては、「～しますか」と尋ねると直接的で失礼になるので、尊敬の「시」を用いて、「-시지 않겠습니까？ / -시지 않겠어요？」の形で使います。

Q2-1-⑤
-지 않겠다

식사해요？　　　　　食事します？
식사 안 해요？　　　食事しません？
식사하시지 않겠어요？　食事なさいませんか？

「～しませんか」という否定疑問文は、日本語でもよく使う表現です。否定文であるという意識のないまま使うところもそっくりで、理解しやすいですね。なお、「않겠어요」の発音は激音化して[안케써요]になります。

「맞아요」は、動詞「맞다」（合う、正しい、一致する）の해요体で、口語で相手に同意するときよく使う言い回しです。

Q2-2-a.
맞다

요즘 물가가 너무 비싸네요.　最近、物価が高すぎますね。
맞아요, 살기 힘들어요.　　　そうそう、生活が大変ですよ。

「맞아요」の합니다体「맞습니다」も発音に注意。「ㄷ」の音で発音するㅈパッチムの後ろに、「ㅅ」が来るときは、どうなるんでしたか。そう、濃音化するんでしたね。「마씀니다」と発音します。

濃音化
→**Lesson2、Lesson11**

Q2-3. 故事成語	「백문이 불여일견」は、そのまま漢字に直すと「百聞이 不如一見」。「百聞は一見にしかず」です。故事成語は中国で生まれた言葉ですから、漢字をイメージできれば、自然に日本語の意味がわかります。その他の選択肢に記した故事成語を見てみましょう。韓国語の故事成語のうち、よく使うものをp.227にまとめたので、参考にしてください。 　　유비무환　　有備無患（備えあれば憂いなし） 　　배수진　　　背水陣（背水の陣） 　　새옹지마　　塞翁之馬（塞翁が馬）
Q2-4-ア. 새 단장	「새」は「新」の固有語です。「단장」は、漢字で書くと「丹粧」となり、「化粧すること、美しく飾ること、新装」という意味になります。つまり、「새 단장」は、「新装オープン、生まれ変わった」。広告などにも、よく使われます。
Q3-1-b. -는데	動詞・存在詞の語幹について、「〜するのに、〜だが、〜なんだが」など、前置きや逆接、婉曲の表現を作ります。特に口語で、婉曲の意味で用いられることが多い言い回しです。形容詞・指定詞の場合は、「-ㄴ데/-은데」となります。 　　서울에 있는데 만날 수 있어요? 　　ソウルにいるんですが、会えますか？（前置き） 　　노력했는데 못 했어요. 　　努力したけど、できませんでした。（逆接） 　　모르겠어요.　知りません。 　　→　모르겠는데요.　知らないんですが。（婉曲） 　　이거 예쁜데 좀 비싸요. 　　これきれいだけどちょっと高いです。（形容詞・逆接）
Q3-1-c. -나	「-는가」の縮約形で、動詞・存在詞の語幹について、「〜か、〜のか」といった疑問を表します。「-요」をつけると丁寧な言い方になります。通常の疑問文「아/어요?」に比べて口語的で、気軽に話しかけるニュアンスがあり、独白にも使われます。 　　어디 있나?　　どこにいるのかな？ 　　숙제했나요?　宿題やりましたか？

「때문」は、原因・理由を表す名詞で、「때문에」の形で用います。用言の語幹には、「-기 때문에」の形でついて「〜するので、〜であるせいで」、名詞には直接「〜때문에」の形でついて「〜のせいで、〜のために」となります。では、次の2つの文章の、意味の違いがわかりますか？

Q3-1-e.
때문
原因・理由
→Lesson15

　　　1) 학생이기 때문에 못 해요.　학生なので、できません。
　　　2) 학생 때문에 못 해요.　　　学生のせいで、できません。

1)は、話者が学生であるがために、できないという意味。2)は、話者は学生ではなく、別の学生が原因でできないという意味です。わずかな違いですが、意味は大きく変わります。

前田先生のユジャチャでひと息　語呂合わせ

「いいくに (1192) 作ろう鎌倉幕府」、「ゴクロウサン (5963)」、「髪くろぐろ (9696)」など、日本語は歴史年号や電話番号を語呂合わせで覚えることが、大いに受け入れられています。

韓国語は、閉音節（パッチムで終わる音節）があるので、音の自由度が少ないようで、語呂合わせはあまり多くはありません。よく知られているのは、「2424」で「이사이사（引越引越）」と読ませる引越センター、「9292」で「구이구이（焼き焼き）」となる焼肉店、「5252」で「오이오이（キュウリキュウリ）」の八百屋、「8282」で「빨리빨리（速く速く）」の配達業、「8949」で「팔구사구（売って買って）」となる小売店など、やはり母音で終わる「2」「4」「9」が活躍しています。ちょっと凝ったところでは、「1304」なんていうのも。これ、わかりますか？ 発音すると「열세공사」。さて、なんでしょう？「열쇠공사」、つまり、カギ屋さんです。

さて、みなさんにだけお教えしましょう、とっておきの語呂合わせ。韓国で一番高い山、漢拏山の標高をご存じですか？　次の韓国語から読み解いてください。

한라산에 한번 구경 오십시오.

どうです？答えは1950メートル。ね、一発で覚えたでしょ。

Lesson 11　ハングルの日

★POINT! ここがポイント!　進行形の例外

今回はハングルに関する話題です。ハングルは、作った人、作られた経緯、発布された年月日がはっきりわかっている世界でも大変珍しい文字。漢字ともひらがなとも違う大変ユニークな文字です。韓国語を学ぶのですから、ハングルの成り立ちやその特徴についても知っておきたいものです。では、その作られた経緯を勉強しましょう。

読解にチャレンジ

　10월 9일은 한글날입니다. 한글은 (Ⓐ朝鮮) 시대의 세종대왕이 (①　　　　) 글자입니다. a. 있는 날 세종대왕은 한자를 모르는 백성들을 위해 그들이 배우기 쉽고 쓰기 쉬운 글자를 b. 만들지 않으면 안 된다 고 생각했습니다. ア. 그래서 학자들을 모아 그들과 함께 노력한 끝에 한글을 창조했습니다.

　한글날은 그런 세종대왕의 훌륭한 (Ⓑ業績) 을 기념하고 한글의 (Ⓒ優秀性) 을 널리 알리기 위해서 제정되었습니다.

　한글은 세계적 (②에) 과학적이고 독창적 (③인) 문자 (④로서) 인정받 (⑤고) 있습니다.

　또한 イ. 배우기 쉽고 많은 소리를 적을 수 있는 것이 한글의 큰 특징이기도 합니다.

　매년 한글날에는 (Ⓓ各種) 글짓기 대회나 한글 이름 짓기 대회 등 (Ⓔ多様) 한 기념행사가 열립니다.

Lesson 11

Q1 本文をよく読んで、次の問いに答えなさい。　　　**基本問題**

1. 本文の内容と一致するものを選びなさい。
　　a. ハングルは科学的な文字である。　b. ハングルは実用的な文字である。
　　c. ハングルは芸術的な文字である。　d. ハングルは庶民的な文字である。

2. 本文の内容と一致するものを選びなさい。
　　a. 세종대왕은 고려시대 왕이다.
　　b. 세종대왕은 백성들을 위해 한글을 만들었다.
　　c. 한글은 세종대왕이 혼자서 만들었다.
　　d. 한글은 배우기 어렵다.

3. ①に入る最も適切な言葉を選びなさい。
　　a. 만들은　　b. 만들는　　c. 만든　　d. 마드는

4. 下線部a.**ある日**の韓国語として、適切なものを選びなさい。
　　a. 옛날　　b. 이번 날　　c. 있는 날　　d. 어느 날

5. 下線部b.の日本語を、겠を使って韓国語に訳しなさい。
　　(　　　　　　　　　　　　　　　　　　　　　)

6. ②～⑤に、カッコ内の日本語と同じ意味になる単語をそれぞれ選びなさい。
　　a. 에　　b. 로서　　c. 아　　d. 이어서　　e. 으로　　f. 인　　g. 고

　　②_____　③_____　④_____　⑤_____

7. Ⓐ～Ⓔの漢字を、ハングルで書きなさい。

　　Ⓐ_____　Ⓑ_____　Ⓒ_____　Ⓓ_____　Ⓔ_____

8. 下線部ア・イを日本語に訳しなさい。

　　ア._____

　　イ._____

Q2 次の問題に答えなさい。　　　　　　　力だめし発展問題

1. 次の単語や文法事項を使って、作文しなさい。

【모르다：わからない、知らない】
a. どうすればいいのかわかりません。[해요体]

___

【-기 쉽다：〜するのが易しい】
b. 理解するのが易しい演説内容

___

【-아/-어야겠다：〜しなければならない】
c. 明日までに宿題を提出しなければならない。[下称体]

___

【-ㄴ/-은 끝에：〜した末に】
d. その学生は苦労した末に論文を完成しました。[해요体]

___

【널리：広く】
e. 彼の名前は広く知れ渡った。[下称体]

___

【또한：そのうえ、また】
f. 財産もあり、そのうえ実力もあります。[합니다体]

___

Lesson 11

答え合わせ Lesson 11

基本問題

Q1
1. a　2. b　3. c　4. d　5. 만들어야겠다　6. ② e　③ f　④ b　⑤ g
7. Ⓐ 조선　Ⓑ 업적　Ⓒ 우수성　Ⓓ 각종　Ⓔ 다양
8. ア. そこで学者たちを集め、彼らとともに努力した末にハングルを創造しました。
　 イ. 学びやすく多くの音を書けることがハングルの大きな特徴でもあります。

力だめし発展問題

Q2
1. a. 어떻게 하면 되는지 몰라요 (모르겠어요).
　 b. 이해하기 (가) 쉬운 연설 내용
　 c. 내일까지 숙제를 제출해야겠다.
　 d. 그 학생은 고생한 끝에 논문을 완성했어요.
　 e. 그의 이름은 널리 알려졌다.
　 f. 재산도 있고 또한 실력도 있습니다.

日本語訳

　10月9日はハングルの日です。ハングルは朝鮮時代の世宗大王が作った文字です。ある日、世宗大王は漢字を知らない民たちのために、彼らが学ぶにやさしく、書くにたやすい文字を作らなければならないと考えました。そこで、学者たちを集め、彼らとともに努力した末にハングルを創造したのです。
　ハングルの日はそうした世宗大王の立派な業績を記念し、ハングルの優秀さを広く知らせるために制定されました。
　ハングルは、世界的に科学的で独創的な文字として認められています。
　そのうえ、学びやすく多くの音を書けることがハングルの大きな特徴でもあります。
　毎年ハングルの日にはさまざまな作文大会やハングルの名づけ大会など多様な記念行事が開かれます。

● 単語をおさらい

한글	ハングル	글자	文字	백성	農民	배우다	習う
생각하다	考える	학자	学者	함께	一緒に	창조하다	創造する
훌륭하다	素晴らしい	알리다	知らせる	제정	制定	과학	科学
짓다	(名前を)つける						

前田先生の解説 Lesson 11

CDを聞きながら、本文をもう一度音読してみましょう。

　10월 9일은 한글날입니다. 한글은 조선 시대의 세종대왕이 만든 글자입니다. 어느 날 세종대왕은 한자를 모르는 백성들을 위해 그들이 배우기 쉽고 쓰기 쉬운 글자를 만들어야겠다고 생각했습니다. 그래서 학자들을 모아 그들과 함께 노력한 끝에 한글을 창조했습니다.
　한글날은 그런 세종대왕의 훌륭한 업적을 기념하고 한글의 우수성을 널리 알리기 위해서 제정되었습니다.
　한글은 세계적으로 과학적이고 독창적인 문자로서 인정받고 있습니다.
　또한 배우기 쉽고 많은 소리를 적을 수 있는 것이 한글의 큰 특징이기도 합니다.
　매년 한글날에는 각종 글짓기 대회나 한글 이름 짓기 대회 등 다양한 기념행사가 열립니다.

網かけの部分は、解説がある表現です。

韓国の時代劇 (사극) はとてもおもしろいです。ストーリーだけでなく、風俗、建物、食べ物……すべてが新鮮に映ります。韓国の歴史入門に最適です。ハングル創製の話題が出ましたので、この機会に歴史にも関心を持ってみてください。

Q1-6-③
指定詞連体形

「인」 指定詞이다の連体形です。後ろに名詞がついて、「～である (名詞)」となります。

　　　　회사원인 야마다 씨　　会社員の山田さん
　　　　×회사원의 야마다 씨

連体形
→Lesson17

本文では尊敬語である시を用いていました。「만들다」がㄹ語幹用言であることにも注意しましょう。

　　　　조선 시대 임금님이신 세종대왕
　　　　朝鮮時代の王様でいらっしゃる世宗大王

Q1-6-⑤
「-아/어 있다」
の例外

Lesson5で、「-고 있다」と「-아/어 있다」の違いについて勉強しました。覚えていますか。「-고 있다」は動作の進行を表し、「-아/어 있다」は、動作の完了状態が継続していることを表すのでしたね。

　　　　학교에 오고 있다.　학校に来ているところだ (今向かっている)
　　　　학교에 와 있다.　　学校に来ている (滞在している)

さて、本文は、「인정받(　)있다」。この部分は、前後の文脈から「認められている（認定受けている）」という意味が読み取れます。「認められた」という完了状態が継続しているのですから、「인정받아 있다」としたくなりますが、ちょっと待ってください。この区別には、例外があるのです。

　　　　학교에서 국어를 가르치고 있다．　学校で国語を教えている。

この例文のように、他動詞（ここでは「가르치다」）で、習慣的、普遍的に継続して行われる動作は「-고 있다」を使うのです。「認められている」の動詞「받다」（受ける）も他動詞で、「認定を受けている」状態が、普遍的に継続していることを表すので、「인정받고 있다」が正解となるのです。

「-아/어 있다」を使うのは、自動詞で、ある特定の動作が完了した状態を表す場合です。

　　　　서 있다．　立っている。

「서다」は、目的語を伴わない自動詞です。「立っている」というのは、習慣的あるいは普遍的な状態ではなく、ある時点での状態を表しているに過ぎません。こうした表現には、「-아/어 있다」を使うのです。

　　　　의자에 앉아 있다．　　　　椅子に座っている。
　　　　매일 택시를 운전하고 있어요．　毎日タクシーを運転しています。

「私はあなたを愛しています」ってどっち使うんでしょうか。「사랑하다」（愛する）は、相手がいなくては成り立ちませんから当然他動詞。そして、愛することは、もちろん習慣的、普遍的な状態です。ですから、「사랑하고 있다」が正しい、ということになります。「사랑해 있다」は誤りです。

もっとも、実際の口語では、「사랑하다」は進行形ではなく、現在形「사랑합니다/ 사랑해요」使います。あえて進行形を使うのは、目の前で告白するときや、強調する場合です。ああ、やっぱり愛は難しい！

余談のついでに、愛を告白する場合に限らず、相手のことを「당신」（あなた）と呼ぶのは失礼に聞こえる場合があるので、名前に「씨」をつけるといいですよ。名字に「씨」をつけるのは失礼にあたります。日本語でも、「あなた」という直接的な表現を使うのは、怒る時や詰問する時などに限られますよね。やっぱり日本語と韓国語は似ています。祈、健闘！

Q1-7-ⓒ
接尾辞の濃音化

濃音化
→Lesson2

「-성」(性)の発音はちょっと注意が必要です。名詞の最後につく、接尾辞としての-성は、しばしば濃音化します。よって、「優秀性」の発音は[우수썽]。「계획성(計画性)[계획썽]」、「안정성(安定性)[안정썽]」など。「-적」(的)も、濃音化することがあります。というより濃音化するケースの方が多いです。「미적(美的)[미쩍]」、「적극적(積極的)[저극쩍]」、「소극적(消極的)[소극쩍]」などが代表的な単語です。

また接尾辞でない場合は、濃音化しません。さらに面白いのは濃音化するかしないかで意味の違いがある単語があります。

성적：[성쩍]＝「性的」　[성적]＝「成績」
지적：[지쩍]＝「知的」　[지적]＝「指摘」
공적：[공쩍]＝「公的」　[공적]＝「功績」

Q1-8-イ.
-기도 하다

用言の語幹について、「〜しもする」「〜でもある」という意味を作ります。

학생이기도 하다．　学生でもある。
같이 비빔밥을 먹기도 했어요．
一緒にビビンバを食べもしました。
가끔 미소를 짓는 것이 그녀의 매력이기도 합니다．
ときどき微笑むところが彼女の魅力でもあります。

「-기」は動詞・指定詞の語幹について、「〜すること」と、名詞化する表現で、도は「も」、これに「하다」がついた形です。「-기」は、よく使うものに、以下のような表現があります。

-기 어렵다　　〜するのが難しい
-기 힘들다　　〜しにくい、〜するのが大変だ
-기 시작하다　〜し始める
-기 싫다　　　〜するのが嫌だ、〜したくない
-기 전에　　　〜する前に

このうち、「-기 힘들다」は、「〜できない」という不可能の婉曲表現に用いられることもあります。
さらに、動作を列挙したり、動作を反復して強調する使い方もあります。

그 영화를 보고 웃기도 하고 울기도 했다．
その映画を見て笑いもし泣きもした。
먹기도 잘 먹었다．
本当によく食べた。

「모르다」は「르変則用言」です。語幹の直後に「-아/-어」が来たときに「르」が変化します。「르」の直前の母音が陽母音 (아, 야, 오, 요) なら「르」が「-ㄹ라」、陰母音 (아, 야, 오, 요以外) なら「-ㄹ러」と変化します。

Q2-1-a.
르変則用言

知らない 모르다 → 모르 + 아요 → 몰라요
　　　　└─陽母音　　　ㄹ라

押す　　 누르다 → 누르 + 어요 → 눌러요
　　　　└─陰母音　　　ㄹ러

르変則用言はそんなに多くありません。まずは、모르다, 누르다のほか、빠르다 (速い) を覚えておきましょう。

Lesson2でも勉強した、「義務」の表現です。「-아/-어야 하다」、「-아/-어야 되다」もほぼ同じ意味ですが、ニュアンスに若干違いがあります。なお、「-아/어야겠다」は分かち書きしません。

Q2-1-c.
義務
→Lesson2

-아/어야 하다　義務がある事実を客観的に述べる。
-아/어야겠다　意志が入り、「しなければ」という積極的な感じ。
-아/어야 되다　「しなければならない状況になった」と、やや消極的。

「-던 끝에」という形でも用いられ、先行の動作が行われた後に後続の文の結果が現れることを表し、「～した末に」「～したあげくに」となります。

Q2-1-d.
ㄴ/-은 끝에

많이 생각한 끝에 결국 그 가방을 안 샀어요.
迷ったあげく結局そのかばんを買いませんでした。
실패를 거듭하던 끝에 그 실험에 성공했습니다.
失敗を重ねた末にその実験に成功しました。

名詞にそのままつくこともあります。

고생 끝에 낙이 온다. 苦労の後に楽が来る (苦労すれば楽あり)。

「넓다」(広い) の派生語で、「広く、あまねく」という副詞です。「널리」は、後続に必ず「知れ渡る」「行き届く」といった到達の動詞を伴います。「部屋を広く作る」のように、「広く～する」という意味には通常使いません。

Q2-1-e.
널리

그의 이름은 널리 알려져 있다. 彼の名前はあまねく知れ渡っている。

95

Lesson 12　試験勉強

★POINT!
ここがポイント！　故事成語

　試験というものはいくつになってもいやなものです。しかし、実力を高めるための目標としてはこれほど有効なものもありません。十分に準備して自信があれば、これほど楽しいものもないのでしょうね。ということで、楽しく検定試験を受けることが出来るよう、今回のスクリプトを作ってみました。유비무환（有備無患）！　備えあれば憂いなし！

聞き取りにチャレンジ
まずはCDの音声を聞いてみましょう

CD track 12

Q1 CDをよく聞いて、次の問いに答えなさい。　**聞き取り問題**

1. 2人はどんな試験の話をしていますか？
　a. 期末テスト　　　b. ハングル能力試験
　c. 運転免許試験　　d. 韓国ドラマ検定

2. 岡本さんについて、会話の内容と一致するものを選びなさい。
　a. 作文が苦手である　　　b. 試験は簡単だ
　c. 特に聞き取りが難しい　　d. 合格に自信がある

3. サンヒョクさんが勧めた勉強法を、次の中から選びなさい。
　a. 韓国の漫画を読む　　b. 韓国人の友達を増やす
　c. 韓国を旅する　　　　d. 韓国のドラマや映画を見る

4. サンヒョクさんは、自分が勧めた勉強法だと、聞き取りと一緒に何を勉強できると言っているか。韓国語と日本語で書きなさい。

　韓国語＿＿＿＿＿＿＿＿＿＿＿＿＿＿　日本語＿＿＿＿＿＿＿＿＿＿＿＿＿＿

Lesson 12

下の文章を見ながらCDの音声を何度もくり返し聞いてみましょう

CD track 12

상　혁　：오카모토 씨 (①　　　　　　)시간인데 뭐 하세요?
오카모토：앗 상혁 씨, 한글능력시험이 있어서 (②　　　　　　).
상　혁　：그래요. 어렵지 않아요?
오카모토：(③　　　　　　). 특히 듣기 테스트가 가장 어려운
　　　　　 (④　　　　　　).
상　혁　：a.＿＿＿＿＿＿ 한국 드라마나 (⑤　　　　　　)
　　　　　 공부하는 게 (⑥　　　　　)? ア. 한국문화도 이해
　　　　　 하고 듣기 공부도 재밌게 할 수 있을 거예요.
오카모토：아～! イ. 그게 좋겠네요. b. [　　　　　]로군요.
상　혁　：(⑦　　　　　)공부하세요. (⑧　　　　　　).

Q2 次の問題に答えなさい。　　　　基本問題

1. CDをよく聞いて、本文の①～⑧に入る語句・文章を記入しなさい。

① ＿＿＿＿＿＿＿＿＿＿＿＿　　② ＿＿＿＿＿＿＿＿＿＿＿＿

③ ＿＿＿＿＿＿＿＿＿＿＿＿　　④ ＿＿＿＿＿＿＿＿＿＿＿＿

⑤ ＿＿＿＿＿＿＿＿＿＿＿＿　　⑥ ＿＿＿＿＿＿＿＿＿＿＿＿

⑦ ＿＿＿＿＿＿＿＿＿＿＿＿　　⑧ ＿＿＿＿＿＿＿＿＿＿＿＿

2. 下線部a.に入る接続詞を選びなさい。

　a. 왜냐하면　　b. 그리고　　c. 그래서　　d. 그럼

3. 空欄b.には4文字の故事成語が入ります。ハングルと漢字で記入しなさい。

　ハングル (　　　　　　　)　　漢字 (　　　　　　　)

4. 下線部ア・イを日本語に訳しなさい。

ア. _____

イ. _____

Q3 次の問題に答えなさい。　　力だめし発展問題

1. 次の単語や文法事項を使って、指定の文体で作文しなさい。

【～를/을 위해】
a. 健康のため、毎日走っています。[해요체]

_____

【-(으)면서】
b. 食べながらマンガ本を読んではいけません。[합니다체]

_____

【어떻다】
c. 来週、雪岳山に紅葉狩りに行くのはどうですか？[해요체]

_____

【-로군요】
d. 割引チケットも、一長一短ですね。[해요체]

_____

【꾸준히】
e. 粘り強く努力した結果、成功しました。[합니다체]

_____

Let's Read! タイムを計りながら本文を音読し、それぞれタイムを記入しなさい。(目標タイム:35秒)

1回目	2回目	3回目	4回目	5回目	6回目	7回目	8回目	9回目	10回目

答え合わせ　Lesson 12

聞き取り問題

Q1

1. b　**2.** c　**3.** d
4. 韓国語：한국문화　日本語：韓国文化

基本問題

Q2

1. ①쉬는　②공부하고 있어요　③물론 어려워요　④거 같아요 (것 같아요)
   ⑤영화를 보면서　⑥어때요　⑦꾸준히　⑧꼭 합격할 거예요
2. d　**3.** ハングル：일석이조　漢字：一石二鳥
4. ア．韓国文化も理解して、聞き取りの勉強も楽しくできると思います。
   イ．それはいいですね。（それはよさそうですね）

力だめし発展問題

Q3

1. a. 건강을 위해 매일 달리고 있어요.
   b. 먹으면서 만화책을 읽으면 안 됩니다.
   c. 다음 주 설악산에 단풍놀이하러 가는 게 어때요?
   d. 할인 티켓도 일장일단이로군요.
   e. 꾸준히 노력한 끝에 성공했습니다.

日本語訳

サンヒョク：岡本さん、休憩時間なのに何をしてるんですか。
岡　　本：あ、サンヒョクさん、ハングル能力試験があるので、勉強しています。
サンヒョク：そうですか。難しくないですか？
岡　　本：もちろん難しいです。特に聞き取りテストが一番難しいみたいです。
サンヒョク：じゃ、韓国ドラマや映画を見ながら勉強するのはどうですか？　韓国文化も理解
　　　　　　して、聞き取りの勉強も楽しくできると思います。
岡　　本：あ～！　それはいいですね。一石二鳥ですね。
サンヒョク：根気よく勉強してください。きっと合格しますよ。
※「ハングル能力試験」は、架空の試験名です。

単語をおさらい

| 쉬다 | 休む | 능력 | 能力 | 가장 | 最も | 꾸준히 | 根気よく |
| 건강 | 健康 | 달리다 | 走る | 만화 | 漫画 | 단풍놀이 | 紅葉狩り |

前田先生の解説　Lesson 12

CDを聞きながら、本文をもう一度音読してみましょう。

상혁　　　：오카모토 씨 쉬는 시간인데 뭐 하세요?
오카모토：앗 상혁 씨, 한글능력시험이 있어서 공부하고 있어요.
상혁　　　：그래요. 어렵지 않아요?
오카모토：물론 어려워요. 특히 듣기 테스트가 가장 어려운 거 같아요.
상혁　　　：그럼 한국 드라마나 영화를 보면서 공부하는 게 어때요? 한국문화도 이해하고 듣기 공부도 재밌게 할 수 있을 거예요.
오카모토：아~! 그게 좋겠네요. 일석이조로군요.
상혁　　　：꾸준히 공부하세요. 꼭 합격할 거예요.

網かけの部分は、解説がある表現です。

> ドラマで韓国語の勉強。일석이조, 꿩 먹고 알 먹기, 일거양득です。韓国のドラマは本当に面白いですね。「はまる」(빠지다)という言葉がぴったりです。『新明解国語辞典』の第6版の「はまる」の用例にも「韓国ドラマにはまる」が採用されているぐらいです。韓流ブームは落ち着きましたが、ドラマの魅力は変わりません。吹き替えではなく、韓国語で聞いて、心で味わいたいものですね。

Q1-4.
한국문화
鼻音化
→Lesson2
ㅎの弱音化
→Lesson7

「한국문화」をきちんと聞き取れるかがポイントです。鼻音化 (Lesson2) とㅎの弱音化 (Lesson7) によって、発音は [한궁무놔] となります。これを聞いた時に、すぐ「한국문화」という4文字が思い浮かぶようになれば本物です。何度もCDを聞いて、音と字面を覚えてしまいましょう。

```
                        ┌── ㅎの弱音化
한국문화    한구 ㅇ 문와 → 한궁무놔
            └── ㄱの鼻音化
```

Q2-1-④
것の口語表現

「こと、もの」を意味する「것」は、口語表現では次のように縮約します。

こと	것	→ 거	남자인 거 같아요.	男のようです。
ことが	것이	→ 게	이게 뭐예요?	これ何ですか?
ことを	것을	→ 걸	이걸 보세요.	これを見てください。
ことは	것은	→ 건	그건 그렇다 치고	それはそれとして

意思・未来を表す「-ㄹ 거예요」の「거예요」も、元々は「것이에요」の「ㅅ」が縮約されたものです。

갈 것입니다. → 갈 겁니다. 行くつもりです。
갈 것이에요. → 갈 거예요.

この他にも、口語で縮約される例として、次のようなものがあります。

~에는　에는 → 엔
여기엔 없어요.　　　　　　ここにはないです。

正解は、dの「그럼」。Lesson3で勉強した、接続詞のおさらいです。「じゃあ、(こういう勉強法はどう？)」ということですね。選択肢にはありませんが、「그러면」（それなら）も使えます。

Q2-2.
接続詞
→Lesson3

「일석이조」は、漢字で書くと「一石二鳥」。日本でもおなじみの四字熟語です。故事成語は中国の故事にちなんだ言葉。「모순」（矛盾）や「오십보백보」（五十歩百歩）などがあります。中国が起源ですので、韓国語と日本語で共通のものが多いのです。ただ、意味は日韓で同じものと、少し違うものがあるので、注意が必要です。「어부지리」（漁夫の利）や「타산지석」（他山の石）など、「の」に「지」（之）が使われるのもあります。
このページの冒頭で、「일석이조」などいくつか韓国の四字熟語を紹介しました。「꿩 먹고 알 먹기」は「キジを食べて卵まで食べる」、「일거양득」は「一挙両得」。どちらも、一石二鳥と同じ意味です。「꿩 먹고 알 먹기」は聞き慣れない言葉ですが、韓国独自のことわざです。

Q2-3.
故事成語・
四字熟語

覚えておきたい四字熟語

팔방미인	八方美人	환골탈태	換骨奪胎
오리무중	五里霧中	방약무인	傍若無人
자초지종	一部始終	대기만성	大器晩成
조삼모사	朝三暮四	미사여구	美辞麗句
마이동풍	馬耳東風	단도직입	単刀直入

表のうち、「八方美人」は、「才能が多彩であること」、「換骨奪胎」は「すっかり入れ替えて生まれ変わる」という、いい意味で使われます。p.71のパズルでも故事成語の四字熟語を紹介しています。p.227と併せて参考にしてください。

Q2-4-ア.	「재밌게 할 수 있을 거예요」に注目です。まず、「재밌게」は、「재미있게」の縮約
-게	形。「チェミイッケ」が、話すうちに「チェミッケ」に縮まるのは、実際に発音してみ
	れば納得です。「-게」は、用言の語幹につき、後続の動詞を修飾する副詞的な形を
	作る表現。「-게 하다」(〜 [な状態で] する)、「-게 되다」(〜 [な状態] になる)とい
	う形で、特によく使います。

      재미있게 합시다. 　楽しくやりましょう。
      그렇게 됐어요. 　そういうことになりました。
      맛있게 드세요. 　おいしく召し上がりください。

濃音化	もうひとつ、「있을 거예요」は、先ほどQ2-1-4.で勉強したばかりです。発音
→Lesson2	は、「있을 꺼예요」となります。これは、どういう法則でしたっけ。そう、濃音化
	(Lesson2)ですね。

| Q2-4-イ. | 用言の語幹について、意志未来を表す「겠」に、同意を求める「네」がついて、 |
| -겠네 | 相手に未来のことについて同意を求める口語表現です。 |

      우와, 맛있겠네요. 　うわあ、おいしそうですね。
      좀 비싸겠네. 　ちょっと高そうだね。
      꿈이 이루어지면 좋겠네요. 　夢が叶うと良いですね。

Q3-1-a.	名詞について、動作の目的、理由を表します。動詞につく場合は、「-기 위해서」
〜를/을 위해	となります。「서」はしばしば省略されます。
(서)	

      名詞+를/을 위해 (서) 　〜のために

      우승을 위해서 하는 연습　優勝のためにする練習

      動詞語幹+기 위해 (서) 　〜するために

      우승하기 위해서 하는 연습　優勝するためにする練習

때문	Lesson10で勉強した「-기 때문에」と混同しやすいですが、こちらは「〜する
→Lesson10、	ので、〜せいで」と、原因の意味合いが強くなります。
Lesson16	

꿈을 이루기 위해서 열심히 노력했다.
夢を実現するために、一生懸命努力した。

시험이 있기 때문에 못 가겠어요.
試験があるので、行けそうにありません。

　また、「〜를/을 위해」は、「〜를/을 위하여」とも言います。「위하여!」って聞いたことありませんか？　乾杯の音頭として「위하여!」「(誰それさんの)ために!」とよく言います。「위하여」だけのこともあれば、前に主役の名前をつけることもあります。ちょっとしゃれてますね。ほかに、「〜를/을 위한 名詞」（〜のための…）という表現もあります。

　　　학생을 위한 시설　学生のための施設

　「어때요」の原形はわかりますか。そう、「어떻다」ですね。「어떻다」は、Lesson2で勉強した、ㅎ変則用言です。直訳すると「どのようですか」「どんなですか」ですが、次の例文のように、話しかけるきっかけによく使います。日本語と同じですね。

> Q3-1-c.
> 어때요
> ㅎ変則用言
> →Lesson2

　　　어때, 이 옷 잘 맞지?　どう、この服、似合うでしょう。

　Lesson9で勉強した「〜군요」（〜なんですね）の発展です。指定詞「이다」とともに用いられるときは、原則として로が挿入されます。

> Q3-1-d.
> 〜로군요
> →Lesson9

　　　어릴 적부터의 꿈이로군요.　子供の頃からの夢なんですね。

前田先生のユジャチャでひと息　80点以下は放課後再テスト

　せっかく勉強しても実際に口から出てこなかったり、聞き取れなかったのでは、何のための勉強かわかりません。中途半端な勉強は役に立たないのです。人間ってわかっちゃいるようで、わかっていないことが多いです。問われて初めて、自分の記憶の曖昧さに気付くことが多いのです。この本は私が授業しているようなつもりで作っていますが、実際の授業なら、必ず毎時間単語テストをします。前回の授業でならった短文も出すかも。でも本の上では不可能。そこは、みなさん自分でやってもらわないといけません。10問の単語テスト＋例文の暗記テスト。80点以下は放課後再テスト!!　効果は絶大です。

Lesson 13　『韓国語ジャーナル』を読みましょう！

★POINT!
ここがポイント！　使役・受身

韓国に行けば、地下鉄の車内広告が面白いですね。いろいろな表現の勉強になります。それにならって、今回は『韓国語ジャーナル』の魅力を、歯切れよくわかりやすい車内広告風に作ってみました。うそ偽りのない内容ですので、ぜひ『韓国語ジャーナル』で勉強に取り組んでみてください。

読解にチャレンジ

한국어 실력을 (① 高めるために) 〈한국어 저널〉을 (②읽다)!
　　　ア. 나날이 늘어가는 한국어 실력!
1. 드라마 (③台詞)를 이용해서 イ. 어려운 문법을 쉽게 배울 수 있도록 만들었습니다.
2. 사용 (④頻度)가 높은 (⑤語彙)만을 (⑥고르다) 소개합니다.
3. 시험대비서 (⑦であると同時に) 재미있는 a. 연예 정보지를 지향합니다.
　　　《b. 읽는 만큼 한국어 실력이 늘어갑니다.》
　　　ウ. 한번 읽어 보세요!

Q1　本文をよく読んで、次の問いに答えなさい。　基本問題

1. 『韓国語ジャーナル』について、本文の記述と一致するものを選びなさい。
   a. 初級学習者のための雑誌である。
   b. 文法解説書である。
   c. 韓流情報誌である。
   d. 実力を高めたい人のための雑誌である。

Lesson 13

2. 本文の内容と一致するものを選びなさい。
　　a. 드라마에 관한 정보는 별로 없다.
　　b. 검정시험 모의시험 문제집이다.
　　c. 학습자를 위한 여러 가지 정보가 담겨져 있다.
　　d. 전문적인 단어도 많이 나온다.

3. ①と⑦に、日本語と同じ意味になるよう、指定した文字数で適切な語を入れなさい。

　　① _____（5文字）　⑦ _____（2文字）

4. ②は「読みましょう」、⑥は「選んで」となるように（　）内の単語を適切に活用させて入れなさい。

　　② _____　⑥ _____

5. ③〜⑤の漢字をハングルで記入しなさい。

　　③ _____　④ _____　⑤ _____

6. 下線部a.はすべて漢字語です。そのまま漢字を書いて、日本語として適切な表現に直しなさい。

　　漢字_____　日本語_____

7. 下線部b.にもっとも近い意味になるものを選びなさい。
　　a. 읽으면서　　b. 읽는 것 만으로　　c. 읽는 한　　d. 읽으면 읽을수록

8. 下線部ア〜ウを日本語に訳しなさい。

　　ア. _____

　　イ. _____

　　ウ. _____

Q2 次の問題に答えなさい。　力だめし発展問題

1. 次の単語や文法事項を使って作文しなさい。

【- ㅂ시다：〜しよう】
a. 貧しい人（가난하다）を助けましょう。

___

【아/어 보세요：〜してみてください】
b. 大きな声で歌ってみてください。[해요体]

___

【-도록：〜ように】
c. 忘れないように毎日復習しましょう。

___

【이자：と同時に】
d. 批評家であると同時に、作家である金龍石（김용석）氏。

___

【재미있다：面白い、楽しい】
e. クリスマスは友達と楽しく過ごした。[下称体]

___

【만큼：〜ほどに、同じくらい】
f. 目は口ほどに物を言う。[下称体]

___

Let's Read! タイムを計りながら本文を音読し、それぞれタイムを記入しなさい。（目標タイム：30秒）

1回目	2回目	3回目	4回目	5回目	6回目	7回目	8回目	9回目	10回目

Lesson 13

答え合わせ　Lesson 13

基本問題

Q1

1. d　**2.** c　**3.** ① 높이기 위해　⑦ 이자
4. ② 읽읍시다　⑥ 골라서　**5.** ③ 대사　④ 빈도　⑤ 어휘
6. 漢字：演芸情報誌　日本語：芸能情報誌　**7.** d
8. ア. 日々伸びていく韓国語の実力
   イ. 難しい文法をやさしく学べるように作りました。
   ウ. 一度、読んでみてください！

力だめし発展問題

Q2

1. a. 가난한 사람을 도웁시다.
   b. 큰 소리로 노래를 불러 보세요.
   c. 잊지 않도록 매일 복습합시다.
   d. 비평가이자 작가인 김용석 씨.
   e. 크리스마스는 친구하고 (랑) 재미있게 보냈다.
   f. 눈은 입만큼 말을 한다.

日本語訳

韓国語の実力を高めるために『韓国語ジャーナル』を読みましょう！
日々伸びていく韓国語の実力
1. ドラマのセリフを使って難しい文法をやさしく学べるように作りました。
2. 使用頻度の高い語彙だけを選んで紹介します。
3. 試験対策書であると同時に楽しい芸能情報誌をめざします。
《読むほどに韓国語の実力が伸びていきます。》
一度、読んでみてください！

● 単語をおさらい

실력	実力	높이다	高める	나날이	日ごとに	늘어가다	伸びる
대사	台詞	이용	利用	문법	文法	사용	使用
빈도	頻度	높다	高い	어휘	語彙	고르다	選ぶ
소개	紹介	대비	備え	연예	芸能	정보	情報
지향	志向	소리	声・音	잊다	忘れる		

前田先生の解説 Lesson 13

CDを聞きながら、本文をもう一度音読してみましょう。

한국어 실력을 높이기 위해〈한국어 저널〉을 읽읍시다!
나날이 늘어가는 한국어 실력!
1. 드라마 대사를 이용해서 어려운 문법을 쉽게 배울 수 있도록 만들었습니다.
2. 사용 빈도가 높은 어휘만을 골라서 소개합니다.
3. 시험대비서이자 재미있는 연예 정보지를 지향합니다.
《읽는 만큼 한국어 실력이 늘어갑니다.》
한번 읽어 보세요!

網かけの部分は、解説がある表現です。

　車内広告は歯切れのよい言葉、凝縮された表現がたくさんあります。いくつか紹介しましょう。まずはこれ。「타오르는 불꽃 꺼져가는 생명」（燃える花火、消えゆく生命）。わかりますか？　禁煙（금연）の呼びかけです。では、これは？　「차 한잔의 시간으로 생명을 구할 수 있습니다」（お茶一杯の時間で、生命を救うことができます）。そう、献血（헌혈）の広告です。「에너지는 낭비 없이 절약은 아낌없이」（エネルギーは浪費なく、節約は惜しみなく）。これは「省エネ」（에너지절약）。「없이」という言葉を重ねて、印象的な表現にしています。

Q1-3-①
使役・受身

　自動詞から他動詞を作る場合や、使役・受身表現を作る際は、多くの場合、元の動詞に「이, 히, 리, 기」を挿入します。形容詞の語幹について、他動詞を作ることもできます。

　　　높다　高い（形容詞）　→　높이다　高める（他動詞）

　一般的な他動詞と、受身、使役それぞれの区別や活用の仕方にはっきりとしたルールはなく、単語ごとに覚えるしかありません。受身と使役の代表的な形は、以下の通りです。

　　　〈動詞語幹＋게 하다 / 만들다〉
　　　　이해하다　理解する　→　이해하게 하다　理解させる

　　　〈하다→시키다〉
　　　　중지하다　中止する　→　중지시키다　中止させる

〈이〉
먹다 食べる　→　먹이다 食べさせる
보다 見る　→　보이다 見える、見せる
※「잘 안 보입니다/ 잘 안 보여요」(よく見えません)の形で覚えましょう。

〈히〉
앉다 座る　→　앉히다 座らせる
입다 着る　→　입히다 着せる

〈리〉
알다 知る　→　알리다 知られる、知らせる
※「알리겠습니다」(お知らせします)で覚えましょう。
싣다 (ㄷ変則) 積む　→　실리다 積まれる

ㄷ変則用言
→Lesson3

〈기〉
웃다 笑う　→　웃기다 笑わせる
※「웃기지 마」(笑わせるな)で覚えましょう。

〈우〉
타다 乗る　→　태우다 乗せる
※「태워 주세요」([車に]乗せてください)で覚えましょう。

「이자」は指定詞이다の語幹に자をつけたもので、「～であると同時に、でもあり」という意味になります。「-(으)면서」は動詞の語幹につくと同時進行「～しながら」ですが、指定詞の語幹につくと、「이자」の同義語になります。

Q1-3-⑦
이자

피아니스트이자 지휘자인 정명훈 씨.
ピアニストであり指揮者でもあるチョン・ミョンフン氏。
그 분은 저의 선생님이시면서 시인이십니다.
その方は私の先生であり、同時に詩人でもいらっしゃいます。

「만큼」は動詞の連体形、名詞について「～ほど」、「～くらい」と、程度や限界を表します。

Q1-7.
만큼

미정 씨만큼 아름다운 여자를 본 적이 없습니다.
ミジョンさんほど美しい女性を見たことがありません。

さて、「읽는 만큼」は「読むほどに」。それとほぼ同じ意味になるのは、dの「읽으면 읽을수록」です。日本語に訳すと、「読めば読むほど」。「-(으)면 -(으)ㄹ수록」で、「〜すればするほど」となります。こんな例文はいかがでしょう。

사랑은 바닷물과 똑같다. 마시면 마실수록 더 목이 말라진다.
愛は海の水と同じだ。飲めば飲むほどもっとのどが渇く。

Q2-1-b.
아/어 보세요
試行
→Lesson17

用言語幹について、「〜してみてください」となります。日本語で、試しに行動することを「〜してみる」と言いますが、韓国語でも全く同じ、「-아/어」(〜して)+「보다」(見る)という表現を使うところに注目です。「세요」は、命令文の尊敬語で、「〜(して)ください」という意味になります。

만들어 보세요.　作ってみてください。
한번 먹어봐.　一度食べてみなよ。

Q2-1-c.
-도록

「-도록」は動詞の語幹について程度、限界、目標を表します。「〜するまで、〜するように」。慣用的によく使われるものは「죽도록」(死ぬほど)、「밤새도록」(夜通し)。「죽도록 너를 사랑해」(死ぬほどお前を愛してる) 아휴！

밤새도록 한국 드라마를 보았다.
徹夜して韓国ドラマを見た。
그러면 이것으로 수업을 마치도록 하겠습니다.
それではこれで授業を終わることにします。

Q2-1-e.
재미있다

「재미있다」の基本は、「재미」(楽しさ、面白み)が「있다」(ある)。日本語では主に「面白い」と訳されます。漫画やコントのような、笑える面白さだけでなく、うきうきする「楽しい」のニュアンスでも使えます。類義語として「즐겁다」(楽しい)があり、こちらはゲラゲラ笑う面白さではなく、心が充実した楽しい様子、嬉しくて心が弾む様子を表します。

1) 재미있는 음악　面白い音楽
2) 즐거운 음악　楽しい音楽

1) は、ユーモラスで思わず笑ってしまうような音楽のイメージ。一方2) は、耳に心地良く、心が躍るような音楽のイメージと考えるとよいでしょう。一方で、こんなケースもあります。

3) 즐거운 파티　楽しいパーティー
4) 재미있는 파티　楽しいパーティー

この2つは、どちらも「充実して楽しいパーティ」のニュアンスで使えます。「재미있다」は、思わず笑みがこぼれる楽しさや面白さ、「즐겁다」は、嬉しい感情が伴う楽しさと考えるとよいでしょう。

なお、「즐겁다」には、他動詞「즐기다」(楽しむ)という派生語があります。「재미있다」には、このような派生語はありません。

오늘은 마음껏 즐기세요. 今日は思う存分楽しんでください。

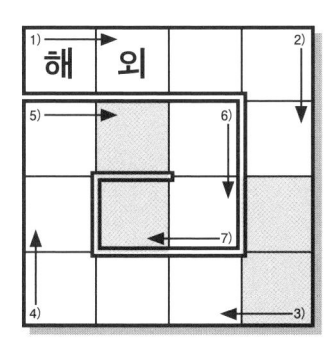

パズルでハングル ❷ 隠れた熟語は何？

下のヒントを見ながら、左のマス目を、しりとりの要領で順に埋めて行き、赤いマス目の文字を組み合わせるとある四字熟語が表れます。その熟語を書きましょう。

1)「海外進出」をハングルで
2) 子供が生まれた時の手続き「○生○告」
3) 韓国版新幹線KTXの正式名称
4) 高麗青磁や朝鮮白磁が有名
5)「温度計」のもうひとつの言い方
6)「○○を上がったところが2階です」
7) 副詞「単に/ただ/わずかに」

隠れていた四字熟語　ハングル（　　　　　）　日本語（　　　　　）
解答はp.237にあります。

前田先生のユジャチャでひと息　韓国語ジャーナルの魅力

2013年3月に休刊した『韓国語ジャーナル』の果たした役割は、とても大きかったと思います。社会、文化、芸能、旅行、そして学習までバランスよく、毎号工夫の凝らされた記事がたくさん載っていました。そして何よりスクリプトとCDがついているのがよかったですね。

スクリプトと音声がそろっていて、60分間たっぷりと韓国にいるような感覚で気楽に韓国語世界にひたることができる『韓国語ジャーナル』、バックナンバーを探してみては？

Lesson 14　母への手紙

★POINT!
ここがポイント！ 「いつも」

今回は手紙文です。親しみをこめつつ敬意を失わないように。これは日本語でも難しいですよね。でも大丈夫、手紙文は定型表現が多いですから、今回出てきた表現を覚えてそのまま使ってみてください。Eメールにも応用できます。みなさんも、韓国語でメールを書いてみてはいかがでしょうか。

読解にチャレンジ

보고 싶은 어머니 (①　　　　　)

　올해는 제가 없어서 혼자서 김장하시느라 고생이 많으셨죠?

　(②お手伝いもできなかったのに) 맛있는 김치 보내 주셔서 정말 고마워요.

　제가 늘 건강한 것은 어머니의 (③真心のこもった) ア. 김치를 매일 먹어서인가 봐요. 항상 a. 격려해 주시는 어머니를 b. 생각하며 열심히 c. 공부합니다.

　날씨가 점점 추워져요.

　イ. 감기 조심하세요.

　　　　　　　　　　　도쿄에서 진희 (④　　　　　).

Q1　本文をよく読んで、次の問いに答えなさい。

基本問題

1. 手紙の内容と一致するものを選びなさい。
　a. お母さんのキムチが食べられない。　b. お母さんが東京を見たがっている。
　c. お母さんに会いたい。　　　　　　　d. 東京のキムチはおいしくない。

Lesson 14

2. 手紙の内容と一致するものを選びなさい。
　a. 진희는 어머니에게 매년 김치를 보내준다.
　b. 진희는 도쿄에 오기 전에는 김치를 담근 것을 도와준 적이 없다.
　c. 진희는 일 때문에 도쿄에 와 있다.
　d. 진희는 도쿄에서 공부하고 있다.

3. （②　　）、（③　　）に、日本語の意味になるように、下の語を適切に活用させて解答欄に書き込みなさい。

　② 드리다 / 못하다 / 는데 / 돕다　（　　　　　　　　　　）

　③ 정성 / 담기다　（　　　　　　　　　　）

4. 下線部a. 격려の発音をハングルで書きなさい。
　（　　　　　　　　　）

5. （①　　）、（④　　）に、それぞれ日本語の意味になるよう、指定された数のハングルを書き込みなさい。

　① ～様へ（1文字）　（　　　　　　　　　　）

　④ ～より差し上げました（2文字）　（　　　　　　　　　　）

6. 下線部b.は、縮約形である。本来の表現を5文字で書きなさい。

　_____

7. 下線部c.を、より強い意志を込めた表現にするにはどうすればよいか。次の中から選びなさい。
　a. 공부할까요　　b. 공부할텐데　　c. 공부할게요　　d. 공부할걸

8. 下線部ア・イを日本語に訳しなさい。

　ア. _____

　イ. _____

Q2 次の問題に答えなさい。　力だめし発展問題

1. 次の単語や文法事項を使って、指定の文体で作文しなさい。

【-느라 : 〜ので、없다】
a. 試験勉強をするので、テレビも見られません。[해요体]

___

【-죠? : 〜ましょう、〜でしょう】
b. 一緒に一杯やりましょう。

___

【도와 드리다 : お手伝いする】
c. 私がお手伝いいたします。[합니다体]

___

【-지도 못하다 : 〜すらできない】
d. お母さんのことばかり考えて夜も眠れません。[해요体]

___

【늘 : いつも】
e. 父はいつも仕事ばかりしています。[합니다体]

___

【추워지다 : 寒くなる】
f. 12月に入って、急に寒くなりました。[해요体]

___

Let's Read! タイムを計りながら本文を音読し、それぞれタイムを記入しなさい。(目標タイム：35秒)

1回目	2回目	3回目	4回目	5回目	6回目	7回目	8回目	9回目	10回目

答え合わせ　Lesson 14

基本問題

Q1
1. c　2. d　3. ② 도와 드리지도 못했는데　③ 정성이 담긴
4. 겸녀　5. ① 께　④ 드림　6. 생각하면서　7. c
8. ア. キムチを毎日食べているからのようです。
　　イ. 風邪にお気をつけください。

力だめし発展問題

Q2
1. a. 시험 공부를 하느라 텔레비전도 볼 수 없어요.
　b. 같이 한잔하시죠?
　c. 제가 도와 드리겠습니다.
　d. 어머니 (엄마) 생각만해서 잠을 자지도 못해요.
　e. 아버지는 늘 일만 하고 있습니다.
　f. 12월에 들어서 갑자기 추워졌어요.

日本語訳

会いたいお母さんへ

　今年は私がいなくて一人でキムチをお漬けになったので、ご苦労が多かったのではないでしょうか。手伝いもできなかったのに、おいしいキムチを送ってくださって本当にありがとう。私がいつも健康なのは、お母さんの真心がこもったキムチを毎日食べているからのようです。いつも励ましてくださるお母さんを考えながら、一生懸命勉強します。
　だんだん寒くなります。
　風邪にお気をつけください。

東京にてジニより。

単語をおさらい

께	～様へ	올해	今年	혼자	独り	김장	キムチの漬け込み
고생	苦労	보내다	送る	정말	本当 (に)	고맙다	ありがたい
정성	真心	담기다	盛られる	격려	激励	점점	だんだん
드림	～より	갑자기	突然				

前田先生の解説　Lesson 14

CDを聞きながら、本文をもう一度音読してみましょう。

보고 싶은 어머니께
　올해는 제가 없어서 혼자서 김장하시느라 고생이 많으셨죠?
　도와 드리지도 못했는데 맛있는 김치 보내 주셔서 정말 고마워요.
　제가 늘 건강한 것은 어머니의 정성이 담긴 김치를 매일 먹어서인가 봐요.
　항상 격려해 주시는 어머니를 생각하며 열심히 공부할게요.
　날씨가 점점 추워져요.
　감기 조심하세요.
　　　　　　　　　　　　　　　　　도쿄에서 진희 드림.

網かけの部分は、解説がある表現です。

　김장（11月終わり〜12月初めのキムチを漬け込むシーズン）のころは、韓国の町はキムチ一色に染まります。キムチの強烈な味と匂いは癖になります。韓国語学習者にはキムチファンが多いです。かくなる私も、1週間に一度、コリアタウンからキムチを取り寄せています。

Q1-1.
보고 싶다

　보고 싶다は、直訳すると「見たい」となりますが、「会いたい」という意味にも用います。特に、家族や恋人に会いたいと強く願うときによく用います。「만나고 싶다」とほぼ同じ意味ですが、「보고 싶다」のほうが、情がこもった感じになります。

　　　　지금 곧 보고 싶어요.
　　　　今すぐ会いたいです。
　　　　회의하기 전에 한번 만나고 싶은데요.
　　　　会議の前に一度会いたいんですが。

Q1-3-②
-지도 못하다

　単純に、「お手伝いできなかったのに」とするなら、「도와 드리지 못했는데」。「〜すら（できない）」というニュアンスの助詞「も」は、韓国語でも「도」を使い、「도와 드리지도 못했는데」となります。本当に、助詞の使い方は日本語と韓国語でそっくりです。「〜도 못하다」という言い方もできます。

　　　　이야기하지도 못했습니다.　　**話もできませんでした。**
　　　　요리도 못해요.　　　　　　　**料理もできません。**

「담기다」(盛り込まれる)は、「담다」(盛り込む)の受身です。紛らわしいのは、「담그다」(漬け込む)。こちらも、受身は「담기다」(漬け込まれる)となるので、注意が必要です。

Q1-3-③
담기다

　　　정성이 담긴 선물　　真心のこめられた(こもった)贈り物

どちらも、同じ「담기다」ですが、意味は大きく異なるので注意が必要です。なお、「담그다」は으変則ですので、これも注意してください。

으変則用言
→Lesson3

　　　김치를 담갔다．　キムチを漬けた。

Lesson2などで勉強した、鼻音化のおさらいです。[ㄱ] [ㄷ] [ㅂ] で発音するパッチムの直後に「ㄴ」、「ㅁ」が続くと、パッチムは鼻音化します。

Q1-4.
鼻音化
→Lesson2

　　　ㄱ [k] → ㅇ [ŋ]　　박물관　→ [방물관]　　博物館
　　　ㄷ [t] → ㄴ [n]　　옛날　　→ [옌날]　　　昔
　　　ㅂ [p] → ㅁ [m]　　잡념　　→ [잠념]　　　雑念

さて、「격려」(激励)の場合は、もうひとつ注意が必要です。「ㅂ、ㄱ」パッチムの直後に「ㄹ」が来ると、パッチムが「ㅁ、ㅇ」になり、同時に「ㄹ」も「ㄴ」になるのです。

　　　격려　→　[경녀]

このような例には、他に、「격리」[경니](隔離)、「독립」[동닙](独立)、「생략」[생냑](省略)などがあります。

表書きの宛名につける「様」は「○○ 귀하(貴下)」とするのが一般的です。本文の前には、「○○ 께」(～様に)をつけます。ビジネスレターなどでは、本文前の宛名にも귀하を使うほうが格式ばった感じがします。

Q1-5.
宛名

「敬具」に当たる結語は、一般的には「○○ 드림(～より差し上げました)」を用います。目上の方に差し出す時は、드림より올림のほうがより敬語度が高まります。드림・올림は手紙だけでなく、プレゼントなどにも使われますので、一度使ってみてください。好感度アップ間違いありません。

　　　감사의 마음을 담아서, 재연 드림
　　　感謝の気持ちをこめて　ジェヨンより

Q1-7.
ㄹ게요

　　動詞語幹について、ある行動を行う意思を、親しみを込めて表明する表現です。「〜しますよ、しますからね」。ㄹ語幹を除く、パッチムで終わる語幹には으を補い、「을게요」となります。「하겠습니다/하겠어요」もほぼ同じ意味ですが、そちらはより改まった言い方です。一方、「할 거예요」は、単純に未来を推測している客観的な言い回しです。なお、「ㄹ게요」は、友人や家族など、親しい人に使うことが多く、目上の人などに向かってむやみに使わないよう、注意が必要です。日本語でも、目上の人に「私がやりますよ」と言うと、嫌みっぽく聞こえることがありませんか？　それに似ています。なお発音はㄹの後ですのでㄱは濃音化して［할께요］［할꺼에요］です。

　　이만 갈게요.　　　　　じゃあ、行きますね。
　　제가 도와 드리겠습니다.　私がお手伝いいたします。
　　내일 끝날 거예요.　　　明日終わるでしょうね。
　　내일까지 끝낼게요.　　　明日までに終わらせますからね。

Q1-8-イ.
하세요

　　「같이 하세요?」は、そのまま訳せば「一緒になさいます？」ですが、勧誘の意味も含んでいます。「一緒にしましょうよ」と相手に控えめに誘う場合にも使えます。

　　같이 가세요?　一緒に行きますか?

Q2-1-a.
-느라

　　「-느라(고)」は動詞語幹につき、その動作が後節の原因になることを表します。「〜しようと、するので、したので、するせいで」。未来の時制では使えません。「-느라고」が正式ですが、しばしば「- 느라」と縮約されます。

　　시험 공부 하느라(고) 바빴어요.
　　試験勉強をするのに忙しかったです。
　　전화를 기다리느라(고) 외출 못했어요.
　　電話を待っていたせいで外出できませんでした。

Q2-1-b.
-죠

　　動詞や形容詞など、用言の語幹について「〜でしょう？／ですよね」と、相手に同意を求める表現で、「지요」の縮約です。韓国語では非常によく使う口語言葉で、友だちに対しても「〜지(〜でしょ)」という表現を極めてよく使います。日本語の「〜でしょう？」と語感が似ているせいか、日本語を勉強している韓国人の中には、やたらと「〜デショー」と言いたがる人がいる気がしますね。

　　내일은 쉬는 날이죠?　明日はお休みでしょう？
　　오늘 할 거지?　　　　今日やるんでしょ？

Lesson 14

「늘」は「常に」、「ずっと」、「しょっちゅう」の意で、「どの時間を取ってみても」というニュアンスです。항상もほぼ同じ意味です。「언제나」と紛らわしいですが、こちらは「いつでも（可能です）」というように、都合を述べる場合によく使います。「언제든지」や「언제라도」も「いつでも（可能です）」の意味です。

Q2-1-e.
늘

늘 한국어 공부만 하고 있네요.	いつも韓国語の勉強ばかりしていますね。
항상 바빠요.	いつも忙しいです。
언제나 갈 수 있어요.	いつでも行けますよ。
언제든지 돼요.	いつでもいいですよ。
언제라도 연락주세요.	いつでも連絡ください。

「추워지다」(寒くなる) は、Lesson10で勉強した、「形容詞＋아/어지다」(〜になる) です。確認しましょう。

Q2-1-f.
-아/어 지다
→Lesson10

조금씩 추워지네요.
少しずつ寒くなりますね。
너 언제 그렇게 커졌어?
お前、いつの間にそんなに大きくなったんだい？

p.84では形容詞につく例ばかり説明しましたが、他動詞につくと、受身の意味になります。わかりますか？　아시죠?（おわかりでしょ？）

주어진 시간이 거의 없어졌다.
与えられた時間はほとんど無くなった。

前田先生の ユジャチャでひと息　文字化け対策

　文字化けとは、コンピューターで正しく文字が表示されないこと。「글자가 깨지다」(文字が壊れた) と言います。日本語も韓国語も、各文字に独自のコードを割り当てて、コンピューター上に表示しているわけですが、コンピューターの環境が違うと、違う文字が呼び出されて表示できなくなるのです。韓国とのEメールのやり取りで文字化けを起こし、困ったことはありませんか。Windowsは標準で日韓両方の書体を内蔵していますが、メールでは複数の文字コードを共存させることができません。最も確実な方法は、マイクロソフト社のWordで保存し、添付することですが、相手がWordを持っている必要があります。ほかに、PDFファイルに変換して送るという手もありますが、どうしてもダメな時は、プリントアウトしたものをデジカメでとって画像で送っています。これなら絶対大丈夫です。

Lesson 15　正月のトックク

★POINT!　ここがポイント!　原因・理由

「떡」は餅。お祝いの時に食べる餅には、ことわざがたくさんあります。たとえば、「누워서 떡 먹기」（寝転んで餅を食う）。これは「朝飯前」という意味です。もうひとつ見てみましょう。「떡 줄 사람은 아무 말도 없는데 김칫국부터 마신다」。「餅をくれる人は何も言わないのに、(消化によい) キムチの汁から飲む」。つまり「取らぬ狸の皮算用」ってやつです。

聞き取りにチャレンジ
まずはCDの音声を聞いてみましょう　　CD track 15

Q1 CDをよく聞いて、次の問いに答えなさい。　聞き取り問題

1. トッククにまつわる話について、本文と一致するものを選びなさい。
　a. 誕生日を迎えた人が食べる。　　b. 旧正月に食べる。
　c. 年齢の数だけ食べる風習がある。
　d. 出産前の女性が食べるとよいとされる。

2. 山田さんについて、本文と一致するものを選びなさい。
　a. 早く大人になりたがっている。　　b. 年を取りたくないと思っている。
　c. トッククはあまり好きではない　　d. 毎年トッククを2杯食べている。

3. ユンミさんについて、本文と一致するものを選びなさい。
　a. 子供の頃、早く大人になりたかった。　　b. トッククを食べたことがない。
　c. トッククは子供の頃しか食べなかった。　　d. 毎年トッククを2杯食べている。

4. 山田さんが、来年からトッククをあまり食べないようにすると言った理由を簡潔に述べなさい。

Lesson 15

下の文章を見ながらCDの音声を何度もくり返し聞いてみましょう

CD track 15

윤　미 : 야마다 씨, (①　　　　　　　　　　).
　　　　떡국은 (②　　　　　　)?
야마다 : 네, 처음 먹었는데요, a. 너무 맛이 있었어요.
윤　미 : 한국에서는 ア. 설날에 떡국을 먹어야 나이를 한 살 더
　　　　먹을 수 있는 거예요.
야마다 : (③　　　　　　　　　　). イ. 전 그런 의미가 있
　　　　는 줄 전혀 몰랐어요.
윤　미 : 어렸을 때는 (④　　　　　　　　　　) 떡국을 두
　　　　그릇씩 먹곤 했어요.
야마다 : 그럼, 저는 (⑤　　　　　　　　　　) 내년부터는
　　　　많이 먹지 말아야 b.[겐네요].

Q2 次の問題に答えなさい。　　　　基本問題

1. CDをよく聞いて、本文の①〜⑤に入る文を記入しなさい。

①　_____　②　_____

③　_____　④　_____

⑤　_____

2. 下線部a.の言い換えとして、不適切なものを、次の中から選びなさい。
　　a. 정말　　b. 몹시　　c. 아주　　d. 매우

3. [겐네요]は、発音をそのまま書いてある。正しいハングルの表記に直しなさい。
　　(　　　　　　　　　)

4. 下線部ア・イを日本語に訳しなさい。

ア. _____

イ. _____

Q3 次の問題に答えなさい。　　　　　力だめし発展問題

1. 次の単語や文法事項を使って、指定の文体で作文しなさい。

【나이를 먹다：歳を取る、-(은) 채：〜まま／に】
a. 何もしないうちに年を取ってしまった。[下称体]

_____

【-아 / 어야 〜：〜してこそ】
b. お金がないと、本を買えません。[합니다体]

_____

【-ㄹ 줄 모르다：〜とは思わない】
c. ここまで来るとは思いませんでした。[해요体]

_____

【-ㄹ 때：〜時】
d. ソウルに行った時知り合った友達です。[해요体]

_____

【-(으) 니까】
e. 寒いですから、お入り下さい。[해요体]

_____

Let's Read! タイムを計りながら本文を音読し、それぞれタイムを記入しなさい。(目標タイム：35秒)

1回目	2回目	3回目	4回目	5回目	6回目	7回目	8回目	9回目	10回目

Lesson 15

答え合わせ　Lesson 15

聞き取り問題
Q1
1. b　**2.** b　**3.** a　**4.** 年を取りたくないから。

基本問題
Q2
1. ①새해 복 많이 받으세요　②드셨어요　③그래요? 참 재미있네요
　　④빨리 어른이 되고 싶어서　⑤나이를 먹기 싫으니까
2. b　**3.** 겠네요
4. ア. 旧正月にトッククを食べてこそ、1歳また年を取ることができるんですよ。
　　イ. 私、そんな意味があるとは全然知りませんでした。

力だめし発展問題
Q3
1. a. 아무것도 하지 않은 채 나이를 먹어 버렸다.
　　b. 돈이 있어야 책을 살 수 있습니다.
　　c. 여기까지 올 줄 몰랐어요.
　　d. 서울에 갔을 때 알게 된 친구예요.
　　e. 추우니까 들어오세요.

日本語訳

ユンミ：山田さん、新年あけましておめでとうございます。トッククは召し上がりましたか？
山　田：はい、初めて食べたんですけどね、とてもおいしかったです。
ユンミ：韓国では旧正月にトッククを食べてこそ、1歳また年を取ることができるんですよ。
山　田：そうなんですか？　すごく面白いですね。私、そんな意味があるとは全然知りませんでした。
ユンミ：幼い時は早く大人になりたくて、トッククを2杯ずつ食べたりしましたよ。
山　田：では、私は年を取りたくないですから、来年からはあまり食べないようにしないといけませんね。

● 単語をおさらい

새해	新年	복	福	설날	旧正月	나이	年齢
의미	意味	전혀	全く	어른	大人	그릇	皿
싫다	嫌う	채	～まま	들어오다	入ってくる		

前田先生の解説　Lesson 15

CDを聞きながら、本文をもう一度音読してみましょう。

김윤미 : 야마다 씨, 새해 복 많이 받으세요. 떡국은 드셨어요?
야마다 : 네, 처음 먹었는데요, 너무 맛이 있었어요.
김윤미 : 한국에서는 설날에 떡국을 **먹어야** 나이를 한 살 더 먹을 수 있는 거예요.
야마다 : 그래요? 참 재미있네요. 전 그런 의미가 있는 **줄 전혀 몰랐어요**.
김윤미 : **어렸을 때는** 빨리 어른이 되고 **싶어서** 떡국을 두 그릇씩 먹곤 했어요.
야마다 : 그럼, 저는 나이를 먹기 **싫으니까** 내년부터는 많이 먹지 말아야겠네요.
網かけの部分は、解説がある表現です。

> 今回は、正月の風習についての話題でした。韓国の新年は旧暦で祝います。新暦の1月1日は普通の祝日程度の扱いで1日しか休みません。お盆に当たる、秋夕（추석）も旧暦です。ところで、韓国には、公的な祝日以外にも多くの記念日があります。まじめなところでは5月15日の「先生の日」(스승의 날)。さすがは、儒教の国ですね。

Q1-1.
トックヶ

「떡국」（餅汁）は日本の雑煮に当たる料理で、日本と同様、旧正月に食べる習慣があります。ここでは、dの、「出産前の女性が食べるとよい」に注目してみましょう。これは、「미역국」（ワカメスープ）にまつわる話です。ワカメはつるつると滑るので、これを飲むと子供がするりと生まれ、安産になるという言い伝えがあります。逆に、同じ理由で受験生が食べるとよくないとも言われています。

　　　　미역국을 먹다.　**ワカメスープを食べる。**

使役表現
→Lesson13

この言葉には、「受験に落ちる」、「会社を解雇される」という俗語的な意味もあるので覚えておきましょう。Lesson13で勉強した使役表現「먹이다」(食べさせる)を使い、「미역국을 먹이다」とすると、「試験に落とす」「解雇する」という意味で使われます。どちらも品のよい言い方ではないので、念のため。

Q2-1-④・⑤
原因・理由

④は、日本語に訳すと「早く大人になりたくて」、⑤は、「歳を取るのが嫌なので」。どちらも後続の文章の理由を述べています。次のページで、原因・理由を表す言い回しをふたつ、整理しましょう。

Lesson 15

① -아/어서
〈理由・前提条件〉

　用言の語幹について、原因・理由や後続の文章の前提条件を客観的に言い表します。勧誘・命令文以外なら広く使えます。陽母音語幹には -아서、陰母音語幹には -어서が接続します。하다用言は -해서となります。

　　　좀 비싸서 못 샀어요.　　ちょっと高くて買えませんでした。
　　　식당에 가서 밥을 먹었다.　食堂に行ってご飯を食べた。
　　　열심히 공부해서 합격했다.　一生懸命勉強したので合格した。
　　　× 추워서 들어오세요.
　　　　↑「お入り下さい」と勧誘する文章なので、아/어서は使えない

② -(으)니까
〈原因・理由〉

　「아/어서」と同様、理由・原因を表しますが、こちらは話者の主観が入り「自分はこう思うので」というニュアンスになります。「寒いから中に入ってください」のような勧誘文や命令文には必ず「-(으)니까」を使い、逆に単純な前提条件では使えません。なお、子音語幹につく時は、「으」を挟んで「-으니까」となります。

　　　제가 가니까 여기서 기다리세요.
　　　私が行くので、ここで待っていてください。
　　　다시 만드니까 걱정 안 해도 돼요.
　　　また作りますから、心配しないでも大丈夫ですよ。

　二つ目の例文は、ㄹ語幹用言の「만들다」(作る)に接続しているため、「으」を伴わず、さらに直後にㄴが来ているので、「만들」のㄹパッチムが脱落しています。ㄹ語幹用言。そろそろ、大丈夫でしょうか。

ㄹ語幹用言
→Lesson2

　このふたつの表現を使い分けるには、こんな例文を比較してみましょう。

　　　○추우니까 들어오세요.　　　×추워서 들어오세요.
　　　　寒いですから、お入りください。(勧誘)
　　　○학교에 가서 시험을 봤어요.　×학교에 가니까 시험을 봤어요.
　　　　学校に行って試験を受けました。

「시험을 받다」ではなく「시험을 보다」ですよ。아시죠?

125

Q2-2.
副詞「とても」
→Lesson5

　Lesson5で勉強した、副詞表現「とても」のおさらいです。選択肢にある４つの単語は、いずれも「とても」として使えそうですが、bの「몹시」だけはネガティブな評価を伴うので、ここでは使えません。無理矢理使うと、まるでおいしいことが悪いことのような、嫌みっぽい言い方になりそうです。

　　×몹시 맛이 있었어요. やけに旨かったです (?)

　「너무」は、以前も勉強したように、本来「あまりに～だ」と否定的な意味で使われますが、最近は若者を中心にveryの意味で用いられるようになりました。でも、皆さんはなるべく本来の用法で使うように努めてください。

　　너무 기뻤어요. すっごく嬉しかったです。

　単独で、너무해요「あんまりです」という言い方もよくしますので覚えておきましょう。

　　그건 좀 너무하지 않아요?
　　それは、ちょっとあんまりじゃないですか?

Q2-4-ア.
Q3-1-b.
-아/어야

　用言語幹について、後続の文に対する必須条件を表します。日本語の「～しないと（…ない）」と意味は同じですが、日本語が否定文を使うのに対し、韓国語は肯定文を使います。混乱しやすいので、「～してこそ（…する）」と覚えると理解しやすいでしょう。

　　열심히 공부해야 합격할 수 있다.
　　一生懸命勉強してこそ合格できる。
　　→一生懸命勉強しないと合格できない。

　日本語のような、「공부 안 하면 합격할 수 없다」（勉強しないと合格できない）という言い方はしません。また、「공부해야…」までは言えても、その後を日本語に引きずられて「합격할 수 없다」としてしまう人も多いので、十分注意しましょう。よく似た表現に「-(으)면」があり、こちらは「～すれば（…する）」の意味です。

　　열심히 공부하면 합격할 거예요.
　　一生懸命勉強すれば、合格するでしょう。

「-(으)면」の慣用表現も、おさらいしておきましょう。　　　　　　-(으)면

- (으)면 된다　～すればよい
　　動詞語幹につきます。この言葉は、次のようなことわざで覚えるのが一番です。日本語と同じですね。

　　　　　　하면 된다．　なせばなる。

　　動詞、形容詞、指定詞などの用言連体形について、「～と思う／思わない」の　　Q3-1-c.
意味となります。「思う」の類義語には、「여기다」(思う、認める) がありますが、　　-ㄴ/ㄹ 줄 알다
「줄 알다」には「思いこむ、信じ込む」というニュアンスがあります。　　　　　/ 모르다

　　　　　　오늘은 오빠 생일인 줄 알고 선물을 사 왔어요．
　　　　　　今日はお兄ちゃんの誕生日だと思ってプレゼントを買ってきました。

　　「-ㄴ/ㄹ 줄 알다/모르다」には、この他「可能・不可能」の意味があります。そ　　可能・
れは Lesson21 で詳しく勉強します。　　　　　　　　　　　　　　　　　　　不可能表現
　　　　　　　　　　　　　　　　　　　　　　　　　　　　　　　　　　　　→Lesson21
　　「～する時」は「-ㄹ 때」を用います。過去形の「～した時」は「한 때」とはせずに、　　Q3-1-d.
「했을 때」となります。　　　　　　　　　　　　　　　　　　　　　　　　　-ㄹ 때

　　　　　　제가 경주에 갔을 때에는 비가 많이 내리고 있었어요．
　　　　　　私が慶州に行った時は雨がたくさん降っていました。

　　もうひとつ、「적」も覚えましょう。未来連体形について、「-ㄹ 적」とした時は、　　連体形
「-ㄹ 때」とほぼ同じ意味の「～する時」となりますが、過去連体形について「-ㄴ　　→Lesson17
적」とすると、「～したこと」と、経験の有無の意味になります。「-았/었을 적」の
形を用いると、「～した頃」という回想のニュアンスになります。

　　　　　　그 애를 만나 본 적이 있으세요？
　　　　　　その子とお会いになったことおありですか。

　　　　　　어렸을 적에는 의사가 되고 싶었어요．
　　　　　　幼かった頃は医者になりたかったんです。

Lesson 16　三・一独立運動

★POINT!
ここがポイント!　-아/어하다

韓国の歴史を知っていますか？　言葉の勉強をするのなら、その民族の文化や歴史を知らなくてはいけません。古代から現代まで、韓国の歴史についてざっと読んでおきましょう。ガイドブックの読み物を読むだけでも、違います。今回は近代史で特に有名な柳寛順を取り上げました。

読解にチャレンジ

　1919년 3월 1일 한국에서 일어난 a. 독립운동을 삼일 만세 운동 또는 독립 만세 운동이라고 합니다.
　서울 탑골공원에 모인 수많은 시민들은 (①太極旗)를 휘날리며 '대한 독립 만세'를 외쳤습니다.
　그 후 이 운동은 전국 b. 방방곡곡으로 퍼져 나가게 됐습니다. 한국의 잔 다르크*로 불리는 ア. 유관순*은 17세의 소녀의 몸으로 독립만세 운동을 이끌었습니다. 유관순은 헌병에게 (②逮捕) 된 후에도 총칼과 고문을 두려워하지 않고 끝까지 만세를 부르다 감옥에서 c. 죽음을 맞이했습니다. イ. 유관순의 애국심과 (③勇気) 는 지금까지도 많은 사람들로부터 (④尊敬) 받고 있습니다. 이러한 한 민족의 독립정신을 (⑤永遠) 히 (⑥記念) 하기 위해 정부는 이날을 국경일로 정했습니다.

*잔 다르크……ジャンヌ・ダルク　　*유관순……柳寛順

Lesson 16

Q1 本文をよく読んで、次の問いに答えなさい。　　**基本問題**

1. 本文の内容と一致するものを選びなさい。
 a. 三・一独立運動は柳寛順が始めた。
 b. 柳寛順を記念した日を光復節という。
 c. 三・一独立運動は大成功を収めた。
 d. 柳寛順は当時17歳の少女だった。

2. 本文の内容と一致するものを選びなさい。
 a. 독립 만세 운동은 3월 1일에 시작되었다.
 b. 서울 남산공원이 그 운동의 중심지였다.
 c. 유관순은 탑골공원에서 죽었다.
 d. 유관순은 해방 독립운동의 지도자였다.

3. ①〜⑥の漢字をハングルに直しなさい。

 ① _____　② _____　③ _____

 ④ _____　⑤ _____　⑥ _____

4. 下線部a.독립の発音をハングルで書きなさい。
 (　　　　　　　　　　)

5. 下線部b.「방방곡곡」は、漢字で「坊坊曲曲」と書きます。意味が最も近い単語を選びなさい。
 a. 紆余曲折　　b. 津々浦々　　c. 三々五々　　d. 侃々諤々

6. 下線部c.の文章を、ハングル5文字のシンプルな表現で言い換えなさい。
 (　　　　　　　　　　)

7. 下線部ア・イを日本語に訳しなさい。

 ア. _____

 イ. _____

Q2 次の問題に答えなさい。　　　力だめし発展問題

1. 次の単語や文法事項を使って、指定の文体のあるものはそれで作文しなさい。

【되다：〜される】
a. 新聞に掲載された先生の記事を見ました。［합니다体］

_____

【-게 되다：〜することになる】
b. 年末に、韓国へ旅行することになりました。［합니다体］

_____

【-아/어하다：〜がる、칭찬하다：ほめる】
c. ほめてあげれば、喜びますよ。［해요体］

_____

【-며：〜ながら】
d. 彼女は涙を流しながら話しました。［합니다体］

_____

【끝까지：〜最後まで】
e. 最後まであきらめないでください。［해요体］

_____

【-다가：〜する途中で】
f. 学校へ行く途中で友達に会いました。［해요体］

_____

Let's Read!　タイムを計りながら本文を音読し、それぞれタイムを記入しなさい。（目標タイム：65秒）

1回目	2回目	3回目	4回目	5回目	6回目	7回目	8回目	9回目	10回目

答え合わせ Lesson 16

基本問題

Q1
1. d 2. a 3. ①태극기 ②체포 ③용기 ④존경 ⑤영원 ⑥기념 4. 동닙
5. b 6. 죽었습니다
7. ア. 柳寛順は、17歳の少女の身で独立万歳運動を率いました。
   イ. 柳寛順の愛国心と勇気は、今も多くの人々から尊敬されています。

力だめし発展問題

Q2
1. a. 신문에 게재된 선생님의 기사를 보았습니다.
   b. 연말에 한국에 여행가게 되었습니다.   c. 칭찬해 주면 기뻐할 거예요.
   d. 그녀는 눈물을 흘리며 말했습니다.   e. 끝까지 포기하지 마세요.
   f. 학교에 가다가 친구를 만났어요.

日本語訳

　1919年3月1日韓国で起きた独立運動を三・一独立運動または独立万歳運動といいます。ソウルのタプコル公園に集まった数多くの市民たちは、太極旗を振りながら、「大韓独立万歳」を叫びました。その後この運動は全国津々浦々に広がっていきました。
　韓国のジャンヌ・ダルクと呼ばれる柳寛順は、17歳の少女の身で独立万歳運動を率いました。柳寛順は憲兵に逮捕された後も、銃刀と拷問を恐れずに最後まで万歳を叫んで、監獄で亡くなりました。柳寛順の愛国心と勇気は、今も多くの人々から尊敬されています。このような韓民族の独立精神を永遠に記念するため、政府はこの日を国慶日(祝日)に定めました。
　(韓国では3月1日は삼일절「三一節」と呼ばれます)

単語をおさらい

일어나다	起きる	독립	独立	만세	万歳	모이다	集まる
수많다	数多い	태극기	太極旗	휘날리다	振る	외치다	叫ぶ
애국심	愛国心	퍼지다	広がる	불리다	呼ばれる	소녀	少女
이끌다	率いる	헌병	憲兵	체포	逮捕	총칼	銃刀
고문	拷問	두려워하다	恐れる	부르다	歌う、叫ぶ	용기	勇気
존경	尊敬	정신	精神	정하다	定める		

前田先生の解説　Lesson 16

> CDを聞きながら、本文をもう一度音読してみましょう。
>
> 　1919년 3월 1일 한국에서 일어난 독립운동을 삼일 만세 운동 또는 독립 만세 운동이라고 합니다.
> 　서울 탑골공원에 모인 수많은 시민들은 태극기를 휘날리며 '대한 독립 만세'를 외쳤습니다.
> 　그 후 이 운동은 전국 방방곡곡으로 퍼져 나가게 됐습니다. 한국의 잔 다르크로 불리는 유관순은 17세의 소녀의 몸으로 독립만세 운동을 이끌었습니다. 유관순은 헌병에게 체포된 후에도 총칼과 고문을 두려워하지 않고 끝까지 만세를 부르다 감옥에서 죽음을 맞이했습니다. 유관순의 애국심과 용기는 지금까지도 많은 사람들로부터 존경받고 있습니다. 이러한 한민족의 독립정신을 영원히 기념하기 위해 정부는 이날을 국경일로 정했습니다.
>
> 網かけの部分は、解説がある表現です。

Lesson16は、韓国が日本に強制的に併合されていた時代に発生した、三・一独立運動についての話です。やや難しい漢字語が出てきますが、ひとつひとつ覚えていきましょう。受身のほか、名詞を修飾する連体形の表現が出てくるので連体形も確認してください。それでは 수업을 시작하도록 합시다.

Q1-1. 年齢の表現	文章の内容を尋ねる問題ですが、本文を読めばずばり「유관순은 17세의 소녀 몸으로(柳寛順は17歳の少女の身で)」とありますから、答はもちろんd。年齢は、「17세」のように「세」を使う場合は漢数詞を使い、「십칠 세」と読みます。」「살」を使う場合は固有数詞を使い、「열일곱 살」となります。固有数詞を使うのは、主に口語で、中でも40代くらいまでの年代によく使います。この本文は文章語なので、漢字語を使っています。
Q1-3. 紛らわしい綴り	①の「태극기」はよく「대극」などと間違いがちです。「太」は「태」。「태평양」(太平洋)を覚えておくとよいでしょう。②の「체포」は、ㅊとㅈ、ㅔとㅐを、しっかり意識して覚えてください。
鼻音の発音	③～⑥の単語は、いずれも日本語では「ン」に近い発音をする、パッチムの「ㅁ、ㄴ、ㅇ」に注意してください。「ㅁ」は唇を完全に閉じます。これが一番簡単。「ㄴ」は舌を上の前歯の付け根にくっつけます。これも難しくありません。「ㅇ」は、口を開けたまま「ん」と息を鼻に抜きます。鼻に手をやって、鼻から息が抜けているか確かめてください。「암」「안」「앙」と、声を出して何度も練習してください。さあ、練習です。唇を閉じて「암」、舌を上の歯茎につけて「안」、舌はどこにもつけず口をあけたまま「앙」。어때요? 간단하죠. 時にはこうして発音の基礎を振り返ることも必要です。

「방방곡곡 (坊坊曲曲)」は韓国オリジナルの四字熟語で、「津々浦々」に当たります。津々浦々をそのまま韓国語音で「진진포포」とは言いません。こうした、韓国オリジナルの四字熟語をいくつか紹介しましょう。p.227 も参照してください。

> Q1-5.
> 韓国独自の四字熟語

함흥차사　咸興差使
　朝鮮王朝を建てた李成桂が咸興に隠居したあと、三代目の国王が遣わした使いをみな弓で射殺したという故事から。「なしのつぶて」、「行ったら帰ってこない使い」の意味です。

두문불출　杜門不出
　これも李成桂に関する故事。李成桂が朝鮮王朝を建てるとき、高麗王朝の遺臣たちを召そうとしましたが、遺臣たちは二君に仕えることを拒み、杜門洞にこもって応じなかったところから、閉じこもって外に出ないことを言います。

　하다動詞の受身は、一般的に「〜되다」または「〜(를/을) 받다」を用います。

> Q2-1-a.
> 受身の基本
> 使役・受身
> →Lesson13

〈〜되다〉
체포하다　逮捕する　→　체포되다　逮捕される
시작하다　始める　→　시작되다　始められる

〈〜(를/을) 받다〉
존경하다　尊敬する　→　존경받다　尊敬される
사랑하다　愛する　→　사랑받다　愛される

　-게 되다 は、主に動詞の語幹について、「〜(すること)になる」という表現です。形容詞にも使えますが、形容詞は「-아/어지다」のほうが一般的です。

> Q2-1-b.
> -게 되다
>
> -아/어지다
> →Lesson10

결혼하게 되었습니다.
結婚することになりました。
이웃집 아줌마도 드디어 한국 드라마에 빠지게 되었습니다.
隣のおばちゃんもついに韓国ドラマにはまってしまいました。
요즘은 많이 추워졌지요.
最近寒くなりましたね。

　最初の例文は、日本語の「〜になる」と、ほぼ同じ使い方をするのが面白いですね。ただし、「こちら、コーヒーになります」(여기 커피가 됩니다 (?))とは言いません。これは、日本語がおかしいのです。ご注意を。

Q2-1-c.
-아/어하다

心理状態を表す用言に「-아/어하다」をつけると、「～がる」という意味になります。

좋다 → 좋아하다　好む　　싫다 → 싫어하다　嫌がる
덥다 → 더워하다　暑がる　부럽다 → 부러워하다　羨ましがる
무섭다 → 무서워하다　怖がる　아프다 → 아파하다　痛がる
가고 싶다 → 가고 싶어하다　行きたがる

この語法が使えると、表現の幅がうんと広がります。

남을 부러워하지 마.
人をうらやましがるな。
우리 어머니는 시간만 생기면 한국에 가고 싶어한다.
うちのかあちゃんは、暇さえできれば韓国へ行きたがる。

なお、本文は「두려워하지 않고」(怖がらずに)という表現を使っています。これを強調して、「두려워하지도 않고」(怖がることもなく)という言い方もできます。

Q2-1-e.
끝까지と
마지막까지

「最後まで」は、「끝까지」、「마지막까지」両方使うことができます。ニュアンスの違いはほとんどありません。

처음부터 끝까지　最初から最後まで

こういうフレーズはなるべく文章で覚えてしまいましょう。「この本を最初から最後まで勉強した」って韓国語でなんて言うんでしたっけ。そうです。

이 책을 처음부터 끝까지 공부했다.

Q2-1-f.
-다가

動詞現在形の語幹に「-다가」をつけると、動作の途中で他の後続の動作が発生することを表します。「～する途中で」。過去形語幹につくと、動作を完了して次の動作を行う意味になります。

학교에 가다가 집에 돌아왔다.　学校へ行く途中で家に帰ってきた。
(結局学校には行かなかったことを表す)

학교에 갔다가 도서관에 갔다.　学校へ行ってから図書館に行った。
(学校へ行く動作が終了してその次に図書館へ行ったという意味)

Lesson 16

本文では 부르다 となっていますが、これは 부르다가 の縮約形です。「叫んでいたが、その途中で」というニュアンスです。

なお、「誰それに会う」は、日本語に引きずられて「〜에 만나다」、「〜와/과 만나다」としがちですが、「〜를/을 만나다」と、「誰それを会う」という言い方をします。同様の例には、他にも「〜를/을 타다」(〜に乗る)、「〜를/을 따르다」(〜の後に従う)などがあります。注意してください。

~를/을 만나다

비가 내리기 시작해서 버스를 탔어요.
雨が降り出したので、バスに乗りました。
주소를 몰라도 그 사람을 따라가면 되죠.
住所を知らなくても、その人についていけば良いでしょう。

二つ目の例文にある「따라가다」は、「따르다」(従う)と「가다」(行く)が、「아」をはさんで組み合わさった複合動詞で、意味はそのまま「ついていく」となります。

따르 ＋ 아 ＋ 가다 → 따라가다
　└→따라◀

따르다は変則活用をしているのですが、何変則だかわかりますか？ 語幹の最後が「르」だから、「르変則用言」(Lesson11)と言いそうになりますが、実は「으変則用言」(Lesson3)です。紛らわしいので、注意してください。

르変則用言
→Lesson11
으変則用言
→Lesson3

前田先生の ユジャチャでひと息　単語帳を作ろう

みなさん、単語帳を作っていますか？　やっぱり、単語を覚えないとどうしようもないです。単語帳の作り方のアイディアをお教えします。

1冊おしゃれなノートを準備します。持ち運びやすいように、小さめのものが良いでしょう。そして4色ボールペン。蛍光ペンも2、3色準備します。余白をたっぷり取りながら、単語を書きます。意味も。そして例文も書きます。辞書で引いて覚えやすそうな用例を選べばいいのです。

重要度や気分によって色とりどり、にぎやかに、派手に色をつけていきましょう。品詞によって色を変えるとかややこしいルールはいりません。気分でいろんな色を使いましょう。色を変えると、それだけで記憶しやすくなります。ホントですよ。4色ボールペンだけではなく、筆ペンなんかもいいですよ。筆ペンで、お習字のように大きく丁寧に単語を書くと覚えやすいって知っていましたか？　お試しあれ！

Lesson 17　韓国人は、「방」が好き

★POINT! ここがポイント!　用言の連体形

　今回は連体形を重点的に学びます。用言を名詞につけるとき、「-ㄴ」と「-는」のどちらを使うべきか迷ったことがありませんか？　韓国でよく見かける「방」についての文章を読みながら、連体形の作り方を学びましょう。連体形をマスターすると、一気に韓国語の表現に幅がつきます。多様な表現を、自信を持って言えるようになります。

読解にチャレンジ

　한국사람들은 "방"을 참 좋아한다. ア.<u>거리를 걷다 보면 "○○방"이라고 써 있는 간판을 쉽게 볼 수 있다.</u>

　가장 많이 눈에 뜨이는 것은 "노래방"이다.

　노래방은 일본 가라오케*처럼 노래를 (①부르다) 곳이며 (　A　) 모두에게 a.<u>인기</u>가 있다.

　"DVD방"은 노래방 b.<u>のような</u> 방에서 영화를 (②감상할 수 있다) 시설이다.

　(③크다) 화면과 박력이 있는 음향시설이 설치되어 있어 극장에서 (④못 보다) 작품을 마음껏 볼 수 있다.

　"PC방"에서는 인터넷을 이용할 수 있다. 게임이나 채팅을 할 때에는 PC방에 가는 젊은이들이 많다.

　마지막으로 "찜질방"은 뜨겁게 데운 돌을 놓고 그 열로 방 전체를 뜨겁게 한 사우나를 말한다. イ.<u>마음대로 쉴 수 있는 방도 마련돼 있어 느긋한 기분으로 보낼 수 있다.</u>

＊가라오케……カラオケ

Lesson 17

Q1 本文をよく読んで、次の問いに答えなさい。　基本問題

1. 本文の内容と一致するものを選びなさい。
　a. 韓国の店は、どこも「〜房」と書いてある。
　b. DVD房は、一般に公開されなかった映画を上映する。
　c. PC房では、コンピューターゲームを楽しめる。
　d. チムジル房は、鉱石で熱した銭湯のことである。

2. 本文の内容と一致するものを選びなさい。
　a. 노래방은 거의 없어졌다.　　b. DVD방은 새로운 노래방이다.
　c. 찜질방은 안마를 해준다.　　d. PC방에서는 인터넷을 할 수 있다.

3. Aには「老若男女」にあたる四字熟語が入る。ハングルで書きなさい。
　（　　　　　　　　　　　　　）

4. 下線部a. 인기を発音どおりにハングルで書きなさい。
　［　　　　　　　　　　　　　］

5. 下線部b.を、日本語の意味になるよう適切なハングル2文字を書きなさい。
　（　　　　　　　　　　　　　）

6. ①〜④の語を、文脈に合わせて連体形に活用させなさい。

　①　＿＿＿＿＿＿＿＿＿＿＿＿　　②　＿＿＿＿＿＿＿＿＿＿＿＿

　③　＿＿＿＿＿＿＿＿＿＿＿＿　　④　＿＿＿＿＿＿＿＿＿＿＿＿

7. 下線部ア・イを日本語に訳しなさい。

　ア.　＿＿＿＿＿＿＿＿＿＿＿＿＿＿＿＿＿＿＿＿＿＿＿＿＿＿＿＿＿

　イ.　＿＿＿＿＿＿＿＿＿＿＿＿＿＿＿＿＿＿＿＿＿＿＿＿＿＿＿＿＿

　　　＿＿＿＿＿＿＿＿＿＿＿＿＿＿＿＿＿＿＿＿＿＿＿＿＿＿＿＿＿

Q2 次の問題に答えなさい。　　力だめし発展問題

1. 次の各文には、文法的に間違いがあります。その部分を丸で囲み、訂正して、日本語に訳しなさい。

例) 어제 (하는) 숙제는 어려웠다.
___한___　　昨日した宿題は難しかった。

1. 작는 가방을 샀어요.

_____　_____

2. 슬픈 영화를 보는 적이 있어요.

_____　_____

3. 한국에 간 때 매운 김치를 먹었어요.

_____　_____

4. 조용하는 교실에서 재미없는 수업을 받았어요.

_____　_____

2. 次の日本語を韓国語に訳しなさい。

① 大きな学校　　(　　　　　　　　　　　)

② 知っている人　(　　　　　　　　　　　)

③ ご飯を食べた時 (　　　　　　　　　　　)

④ ソウルに住んでいる人 (　　　　　　　　)

答え合わせ　Lesson 17

基本問題

Q1
1. c　2. d　3. 남녀노소　4. 인기　5. 같은
6. ①부르는　②감상할 수 있는　③큰　④못 본
7. ア．通りを歩けば、"○○房"と書かれた看板を簡単に見ることができる。
   イ．思いのままに休むことができる部屋も用意されており、ゆったりした気分で過ごすことができる。

力だめし発展問題

Q2
1. ①작는→ 작은　小さいかばんを買いました。
   ②보는→ 본　悲しい映画を見たことがあります。
   ③간→ 갔을　韓国に行った時辛いキムチを食べました。
   ④조용하는→조용한　静かな教室でつまらない授業を受けました。
2. ①큰 학교　②아는 사람　③밥을 먹었을 때　④서울에 사는 사람

日本語訳

　韓国人たちは、「パン(房)」が大変好きだ。通りを歩けば、"○○房"と書かれた看板を簡単に見ることができる。
　最もよく目につくのは、「ノレ房」だ。ノレ房は、日本のカラオケ同様歌を歌う所で、老若男女すべてに人気がある。
　「DVD房」は、ノレ房のような部屋で映画を鑑賞できる施設である。大きな画面と迫力ある音響施設が設置されていて、映画館で見られなかった作品を思う存分見ることができる。
　「PC房」では、インターネットを利用することができる。ゲームやチャットをする時には、PC房に行く若者たちが多い。
　最後に、「チムジル房」は、熱く熱した石を置いて、その熱で部屋全体を熱くしたサウナを言う。思いのままに休むことができる部屋も用意されており、ゆったりした気分で過ごすことができる。

単語をおさらい

방	部屋(房)	간판	看板	뜨이다	目につく	감상	鑑賞
시설	施設	화면	画面	박력	迫力	음향	音響
설치	設置	극장	映画館	작품	作品	마음	心
껏	～の限り						

前田先生の解説　Lesson 17

> CDを聞きながら、本文をもう一度音読してみましょう。
>
> 　한국사람들은 "방"을 참 좋아한다. 거리를 걷다 보면 "○○방"이라고 써 있는 간판을 쉽게 볼 수 있다.
> 　가장 많이 눈에 뜨이는 것은 "노래방"이다.
> 　노래방은 일본 가라오케처럼 노래를 부르는 곳이며 남녀노소 모두에게 인기가 있다. "DVD방"은 노래방 같은 방에서 영화를 감상할 수 있는 시설이다. 큰 화면과 박력이 있는 음향시설이 설치되어 있어 극장에서 못 본 작품을 마음껏 볼 수 있다.
> 　"PC방"에서는 인터넷을 이용할 수 있다. 게임이나 채팅을 할 때에는 PC방에 가는 젊은 이들이 많다.
> 　마지막으로 "찜질방"은 뜨겁게 데운 돌을 놓고 그 열로 방 전체를 뜨겁게 한 사우나를 말한다. 마음대로 쉴 수 있는 방도 마련돼 있어 느긋한 기분으로 보낼 수 있다.
>
> 網かけの部分は、解説がある表現です。

韓国の「〜방」は、現地の友達や案内なしには入りにくいですね。私も1人では入ったことがありません。찜질방には勇気を出して一度は行ってみてください。裸のお付き合いができます（実際は裸ではないですが）。목욕탕（銭湯）も、一度行ってみるといいでしょう。

Q1-3.
四字熟語
故事成語
→Lesson12、
Lesson16

　남녀노소は漢字で書くと「男女老少」。故事成語などの四字熟語は日本語と同じものもたくさんあり、そのうちいくつかはLesson12、16で勉強しました。一方、日本語とは多少、あるいは全く表現の異なる四字熟語もたくさんあります。ひとつひとつを、整理して覚えましょう。p.227も参照してください。

　　　良妻賢母→（賢母良妻　현모양처）　一喜一憂→（一喜一悲　일희일비）
　　　海千山千→（山戦水戦　산전수전）　一部始終→（自初至終　자초지종）
　　　右顧左眄→（左顧右眄　좌고우면）

Q1-4.
濃音化の例外
濃音化
→Lesson2

　인기 (人気) は [인끼] と発音されます。Lesson 2で勉強した濃音化のルールにはあてはまりませんが、例外的に濃音化します。こうした例外は、ひとつひとつ覚えるしかありません。よく使うものでは、次のような単語があります。

　　　문법　文法 [문뻡]　　표창장　表彰状 [표창짱]
　　　인권　人権 [인꿘]　　사건　事件 [사껀]

「名詞＋같다」の形で「～（の）ようだ」となります。「Ａ＋같은 Ｂ」とすると、「Ａのような Ｂ」という意味になります。「같이」は、「～（の）ように、みたいに」となり、発音は口蓋音化して［가치］となります。

  진주 씨 미소는 꽃 같다. チンジュさんの微笑みは花のようだ。
  바보 같은 짓을 하지 마세요. バカみたいなまね、やめてください。

Q1-5.
같은
口蓋音化
→Lesson2

「話す人」「大きい箱」のように、名詞を修飾する用言（動詞・形容詞・存在詞・指定詞等）の活用形を、連体形と言います。連体形の「体」というのは「体言」のこと。中学校で学んだ、文法を思い出してください。体言は、名詞のことでしたね。連体形とは「名詞に連なる形」。つまり、名詞を修飾する（詳しく説明する）形のことです。

Q1-6./Q2-1.
用言の連体形

連体形は、現在・過去・未来といった時制と、動詞か形容詞かによって活用が異なるので、注意深く覚えていく必要があります。韓国語は動詞と形容詞は、普段は同じように活用するので、区別を意識する必要はありませんが、連体形では動詞と形容詞で異なる活用をします。

連体形の作り方
 用言の原形から다を取った形（語幹）に「는」などの連体形語尾をつけ、名詞を続けます。以下の表を参照してください。

  動詞／現在連体形 「～する…」
  母音語幹 오다 ＋ 는 → 오는 길 来る道
  子音語幹 먹다 ＋ 는 → 먹는 것 食べる物
  ㄹ語幹 살다 ＋ 는 → 사는 곳 住む所

  動詞／過去連体形 「～した…」
  母音語幹 오다 ＋ ㄴ → 온 길 来た道
  子音語幹 먹다 ＋ 은 → 먹은 것 食べた物
  ㄹ語幹 만들다 ＋ ㄴ → 만든 것 作った物

  動詞／未来連体形 「～する…」
  母音語幹 오다 ＋ ㄹ → 올 때 来る時
  子音語幹 먹다 ＋ 을 → 먹을 때 食べる時
  ㄹ語幹 살다 ＋ ㄹ → 살 때 住む時
  ㄹ語幹は、語幹末のㄹが脱落することに注意。

ㄹ語幹用言
→Lesson2

形容詞の連体形は、動詞とは形が微妙に異なるので、注意が必要です。同じ語尾がついても、時制が異なります。

形容詞／現在連体形　「～な…／～い…」
母音語幹　　크다 ＋ ㄴ → 큰 집　　　大きな家
子音語幹　　작다 ＋ 은 → 작은 집　　小さな家
ㄹ語幹　　　길다 ＋ ㄴ → 긴 시간　　長い時間

形容詞の過去連体形は、次に説明する回想語尾を使用します。

「昔東京に住んでいた時」のように過去を回想する場合や、「以前は安かった値段」のように形容詞の過去連体形を作る場合は、連体形語尾「던」を用います。パッチムの有無に関わらず、語幹に直接つけます。過去形に「던」をつけると、過去を回想する意味合いがより強くなります。

가다　 ＋ 던 → 가던 / 갔던 날　　　行った日
바쁘다 ＋ 던 → 바쁘던 / 바빴던 날　忙しかった日
있다　 ＋ 던 → 있던 / 있었던 동네　(昔)いた街

ちょっと頭がこんがらがったかもしれませんね。まずは、上の文例をそのまま声に出して読んで覚えてください。今後、同じような文例が出てきたら、それもそのまま覚えてしまうといいですよ。

Q1-7-ア.
걷다 보면
-다가
→Lesson16

「걷다 보면」は、「걷다가 보면」が本来の形です。「-다가」は、Lesson16で勉強しましたね。「ある動作を継続している途中で～」という意味で、訳すと「歩けば（その途中で）～する」となります。一方、「걸어 보면」という言い回しもあります。こちらの「아/어 보다」は、Lesson13で学んだ「～してみる」という補助動詞で、訳すと「歩いてみると（その結果）～する」となります。

-아/어 보다
→Lesson13

열심히 일을 하다가 보면 좋은 일도 있겠지.
一生懸命働いていると、いいこともあるよ。
찜질방에 가 봤어요？
チムジルバンに行ってみたことありますか。
한국어로 채팅해 본 적이 있으세요？
韓国語でチャットをなさったことありますか。

「대로」は、名詞について「～とおりに」となるのが基本ですが、動詞の連体形につくと、次のような用法があります。

　　　a) 생각한 대로 해 보세요.　　　思ったままにやってみなさい。
　　　b) 도착하는 대로 전화하겠습니다.　到着次第すぐに電話します。

　a) は、「～するままに」の意味で、「있는 대로」（あるがままに）というように使います。一方 b) は、「～（し）次第」となり、「닥치는 대로」（手当たり次第）というような言い方をよくします。なお、「대로」は、名詞にはそのままつけますが、動詞の連体形につく場合は分かち書きをします。

Q1-7-イ.
-대로

　Lesson15で学習した、「～時」「～ころ」を表す「때」「적」の表現です。同じ説明になりますが、間違えやすいのでもう一度しっかり確認しましょう。ポイントは、過去連体形の作り方です。「～した時」のように、過去の話をする場合は、通常は「ㄴ 때」となるはずですが、때、적は例外的に「았/었을 때 (적)」を使い、「-았/었을 때/적」となります。

Q2-2-③
을/ㄹ 때(적)
→Lesson15

　　　○올 때　　来る時　　　○왔을 때　　来た時（×온 때）
　　　△어릴 적　幼い頃　　　○어렸을 적　幼い頃（×어린 때）

「적」(頃)の用法も、注意が必要です。「적」は過去の時期や経験を表し、主に回想する時に使う表現です。未来時制で「-ㄹ 적」とすると、「-ㄹ 때」と同様「～する時」となりますが、あまり使いません。

　　　내년 취업할 때까지 열심히 공부하겠습니다.
　　　来年就職する時まで、一生懸命勉強します。
　　　우리가 젊었을 적에는 인터넷이 없었어요.
　　　私たちが若かったころには、インターネットはなかったです。

前田先生の ユジャチャでひと息　韓国語にも音読熱風を

　皆さん、音読していますか？　音読が脳を活性化させます。①文字を見て（視覚）、②声に出し（発声＝筋肉運動）、③その声を聴く（聴覚）という３つの感覚を刺激します。その結果、文字と音が結びつきやすくなるのです。
　韓国語は、音変化が多く、聞き取りにくい言語です。音読は、こうした文字と音の乖離を埋め、結びつきを強めてくれます。英語や日本語のように、韓国語でも音読ブームを起こしましょう。もう一度、スクリプトを10回音読してみてください。

Lesson 18　キムチチゲの作り方

★POINT! ここがポイント！ -을래요と-을까요

　今回は、久しぶりに料理の話題です。調理に関する動詞は専門的で、覚えにくいものですが、味覚にまつわる形容詞は、料理を食べる時に使いますから、覚えやすいです。実際に韓国料理を食べに出かけ、自分の舌で味わいながら単語と表現を覚えていくと効果的です。

聞き取りにチャレンジ

まずはCDの音声を聞いてみましょう

CD track 18

Q1 CDをよく聞いて、次の問いに答えなさい。　**聞き取り問題**

1. 本文の内容と一致するものを選びなさい。
　a. 豚肉は水が沸騰してから入れる　　b. キムチと豚肉を同時に入れる
　c. キムチより先に豚肉を炒める　　　d. キムチは食べる直前に入れる

2. 本文の内容と一致するものを選びなさい。
　a. 요시오는 김치찌개를 잘 만들 수 있다.
　b. 요시오는 김치찌개를 만든 적이 없다.
　c. 혜정이 요시오에게 김치찌개를 만들어 주었다.
　d. 요시오가 해정에게 김치찌개 만드는 방법을 가르쳤다.

3. ヘジョンは、キムチチゲにはキムチと豚肉のほか、何を入れるとおいしいと言ったか。日本語で3つ挙げなさい。
　（　　　　　　）（　　　　　　　　）（　　　　　　　　　）

4. ヘジョンが最後に提案したことを、日本語で簡潔に書きなさい。

下の文章を見ながらCDの音声を何度もくり返し聞いてみましょう

요시오 : 오늘 저녁은 a. <u>무얼</u> 만들어 먹을까요?
혜　 정 : (①　　　　　　　　　)를 끓이는 건 어때요?
요시오 : b. <u>근데</u>, 저는 김치찌개(②　　　　　　) 한 번도 없어요.
혜　 정 : 그래요? 별로 어렵지 않으니까 (③　　　　　　)?
　　　　 우선 ア. <u>냄비에 돼지고기를 넣고 볶은 다음에 김치를 넣으면 돼요.</u>
요시오 : 아, 먼저 돼지고기를 (④　　　　　　　).
혜　 정 : 네. 그 다음에 물을 붓고 끓이면 돼요. イ. <u>버섯이나 파, 두부도 함께 넣어서 끓이면 더 맛있어요.</u>
요시오 : 우와, c. <u>맛있겠네요</u>.
혜　 정 : 그럼, 우리 엄마가 담근 김치를 가져 갈까요?

Q2 次の問題に答えなさい。　　　　基本問題

1. 本文の①〜④のカッコを埋めなさい。

① (　　　　　　　)　② (　　　　　　　)

③ (　　　　　　　)　④ (　　　　　　　)

2. a. <u>무얼</u>　b. <u>근데</u> は話し言葉で用いられる縮約形です。元の表現を書きなさい。

a. (　　　　　　　)　b. (　　　　　　　)

3. c. <u>맛있겠네요</u> の発音をハングルで書きなさい。

(　　　　　　　　　　　　)

4. 下線部ア・イを日本語に訳しなさい。

ア. _____

イ. _____

Q3 「-ㄹ래요」「-ㄹ까요」の違いに注意して、次の問いに答えなさい。　　**力だめし発展問題**

1.「-ㄹ까요」または「-ㄹ래요」を１回ずつ使って作文しなさい。

a. DVD房で、友達と一緒に見る DVD を選んでいる。
「この DVD 見ますか？」（DVD はアルファベットで可）

_____

b. 自分が所有する DVD を、友達に勧めている。
「この DVD 見ますか？」

_____

2. 次の文を、「-ㄹ래요」または「-ㄹ까요」を使って、해요体で作文しなさい。

a. 私が電話しましょうか？

_____

b. 一度読んでみますか？

_____

c. 私も一緒に行きましょうか？

_____

答え合わせ　Lesson 18

聞き取り問題
Q1
1. c　**2.** b　**3.** キノコ、ネギ、豆腐
4. 母親の手作りキムチを材料として持っていくこと

基本問題
Q2
1. ①얼큰한 김치찌개　②만들어 본 적이　③만들어 볼래요　④볶는 거군요
2. a. 무엇을　b. 그런데　**3.** 마싰껬네요
4. ア. 鍋に豚肉を入れて炒めた後にキムチを入れれば良いです。
　イ. キノコやネギ、豆腐も一緒に入れて煮れば、もっとおいしいです。

力だめし発展問題
Q3
1. a. 이 DVD 볼까요?　b. 이 DVD 볼래요?
2. a. 제가 전화할까요?　b. 한번 읽어 볼래요?
　c. 저도 같이 갈까요?

日本語訳

ヨ シ オ：今日の夜は、何を作って食べましょうか？
ヘジョン：ピリ辛のキムチチゲを作るのはどうですか？
ヨ シ オ：でも、私はキムチチゲを作ってみたことが一度もないんです。
ヘジョン：そうなんですか？　別に難しくないから、作ってみますか？　まず、鍋に豚肉を入れて炒めた後に、キムチを入れれば良いです。
ヨ シ オ：あ、まず豚肉を炒めるんですね。
ヘジョン：はい、それから水を注いで煮込めば良いです。キノコやネギ、豆腐も一緒に入れて煮れば、もっとおいしいです。
ヨ シ オ：わあ、おいしそうですね。
ヘジョン：じゃあ、うちのお母さんが漬けたキムチを持って行きましょうか？

単語をおさらい

끓이다	沸かす、煮る	별로	特に、別に	냄비	鍋	넣다	入れる
먼저	まず	볶다	炒める	붓다	注ぐ	버섯	キノコ
파	ネギ	두부	豆腐	엄마	ママ		

前田先生の解説　Lesson 18

CDを聞きながら、本文をもう一度音読してみましょう。

요시오 : 오늘 저녁은 무얼 만들어 먹을까요?
혜정　 : **얼큰한** 김치찌개를 끓이는 건 어때요?
요시오 : 근데, 저는 김치찌개 만들어 본 적이 한 번도 없어요.
혜정　 : 그래요? 별로 어렵지 않으니까 만들어 볼래요?
　　　　우선 냄비에 돼지고기를 넣고 볶은 다음에 김치를 넣으면 돼요.
요시오 : 아, 먼저 돼지고기를 볶는 거군요.
혜정　 : 네. 그 다음에 물을 붓고 **끓이면** 돼요. 버섯이나 파, 두부도 함께 넣어서 끓이면 더 맛있어요.
요시오 : 우와, **맛있겠네요.**
혜정　 : 그럼, 우리 엄마가 담근 김치를 가져 갈까요?

網かけの部分は、解説がある表現です。

韓国料理は日本でもすっかり定着しました。最近は、チャプチェや辛ラーメンなどが、普通のスーパーにも並んでいます。他にも、ゆず茶、韓国海苔、チジミの粉、ピビンパの具、キムチ鍋のだし……。韓国料理が日本人に受け入れられているのは、私たち学習者にはうれしいことですね。韓国語もこのようにじわじわと、しかし確実に日本人の間に浸透して行くでしょう。

Q2-1-①
味覚の単語

얼큰하다は、日本語に訳すと「辛い」です。「辛い」と言えば「맵다」が有名ですが、「얼큰하다」は、カレーなどのように、口の中がひりひりする辛さを表し、「맵다」よりもうま味のあるイメージです。例えば、「매운 맛」とすると単純に「辛い味」ですが、「얼큰한 맛」とすると、「ピリリと辛く深みのある味わい」となり、食品の宣伝文句にも使われます。

中級学習者が覚えておきたい味覚の単語を確認しましょう。

맵다	辛い	얼큰하다	ピリリとうま辛い
달다	甘い	달콤하다	甘ったるい
시다	酸っぱい	시큼하다	とても酸っぱい
쓰다	苦い	떫다	渋い (発音注意 [떨따])
진하다	濃い	느끼하다	脂っこい
싱겁다	薄い	담백하다	淡泊だ
짜다	しょっぱい		

Lesson12で、「것」の口語表現を勉強しました。「것」のㅅパッチムが省略され、「것」が「거」、「것은」が「건」というように縮約されるんでしたね。こうした口語の縮約は、「것」に限らず、いろいろな単語で発生します。

  무엇이 → 뭐가／머가 何が
  무엇을 → 무얼／뭘 何を
  그런데 → 근데   ところで、ところが、さて

また、助詞は口語ではしばしば省略されます。

  이것을 주세요. → 이거 주세요. これください

さて、縮約表現で覚えておきたいのが、Lesson 8 で勉強した伝聞・引用表現です。伝聞表現の「-라고 하다/-다고 하다」は、口語ではしばしば「-래요/-대요」と縮約されます。

①名詞・体言
  名詞＋指定詞語幹이＋라고 하다 → 名詞＋指定詞語幹이래요

  아직 고등학생이래요. まだ高校生だそうですよ。

②形容詞・存在詞（있다/없다）
  語幹＋다고 하다 → 語幹＋대요

  너무 예뻤대요. とてもきれいだったそうですよ。

③動詞現在形
  語幹＋ㄴ/는다고 하다 → 語幹＋ㄴ/는대요

  서울에 온대요. ソウルに来るそうですよ。
  김치를 먹는대요. キムチを食べるそうですよ。

④動詞過去形
  語幹＋았/었다고 하다 → 語幹＋았/었대요

  도서관에서 읽었대요. 図書館で読んだそうですよ。

Lesson 18

Q2-2-a.
縮約表現
것の口語表現
→**Lesson12**

伝聞・
引用表現
→**Lesson8**

Q2-3.
-겠네요
鼻音化
→Lesson2

　　動詞・形容詞などの用言語幹について、「～でしょうね」と未来の予測について相手に同意を求める表現です。まず注意したいのは、発音。「겠네」は典型的な鼻音化の例で、単独では「ㄷ」の音で発音するㅆパッチムの直後に、ㄴが来ているので、[겐네]と鼻音化します。
　　この表現は、口語で非常によく使う言い回しです。

　　　　날씨가 좋으면 좋겠네요.　天気が良いといいですね。
　　　　한국말도 잘하시겠네요.　韓国語もお上手なんでしょうね。

Q2-4-ア.
넣다と놓다

　「넣다」と「놓다」は、つづり、発音、意味いずれもよく似ているので注意が必要です。

　　①넣다　中に入れる、納める

　　　냄비에 소금을 넣으세요.　鍋に塩を入れてください。
　　　은행에 백만 원을 넣습니다.　銀行に100万ウォン預けます。

　　②놓다　置く、放す

　　　제 가방 어디에 놓았어요?　私のカバン、どこに置きましたか?
　　　손을 놓아 주세요.　　　　手を放してください。

　「놓다」は、動詞のアト/어形について、「～しておく」の意味でも使われます。こんなところも、日本語と同じというのが興味深いですね。

　　　모두 준비해 놓았어요.　全部準備しておきました。

Q2-4-イ.
끓이다
調理の単語

　「끓이다」は、「끓다」(沸く)の使役形で、「沸かす、煮る」。韓国料理には煮物が多く、同じ「煮る」でも、煮方によって様々な表現があります。

　　①끓이다　煮る、沸かす(水やスープを熱する)

　　　물을 끓인다. 水を沸かす

　　②삶다　茹でる(食品を湯に入れて熱する)

　　　달걀을 삶았다.　卵を茹でた。

③조리다　煮つける（スープがなくなるまで煮込む）

　　생선을 조렸습니다．魚を煮つけました。

④찌다　　蒸す（水蒸気で加熱する）

　　고구마를 찝니다．サツマイモを蒸します。

このほか、覚えておきたい調理の動詞を紹介しましょう。

굽다	焼く	볶다	炒める
튀기다	揚げる	담그다	漬ける
담다	盛る	데우다	温める
무치다	和える	붓다	注ぐ
뿌리다	まぶす		

相手の意向を尋ねる - ㄹ까요と - ㄹ래요は、違いが微妙なので注意が必要です。

Q3
- ㄹ까요と
- ㄹ래요

　- ㄹ까요　自分も含め相手の意思・行動を尋ねる
　- ㄹ래요　主として相手の意向を尋ねる

「이 DVD 볼까요?」は、話者を含めるニュアンスが強く、「私と一緒に見ますか」と尋ねています。「이 DVD 볼래요?」と尋ねると、「あなたは見る意思がありますか」という意味になります。「같이 볼래요?／一緒に見ますか」ともできますが、これはただ相手の意思を尋ねているだけで、若干ニュアンスが異なります。また、次の例のように、「- ㄹ까요」と「- ㄹ래요」で、全く意味が変わってしまう場合もあるので要注意です。

　　물 줄까요?　水をあげましょうか？（自分の意向）
　　물 줄래요?　水をくれますか？（相手の意向）

「- ㄹ까요」とぞんざい語の「- ㄹ까」は、「제가 할까요?（私がしましょうか？）」と自発の意味や、「갈까, 말까 (行くか、行かないか)」と自問の意味などにも広く使われます。

Lesson 19　日記「農村体験学習」

★POINT!
ここがポイント！　推量表現

韓国語で日記をつけてみましょう。3行程度の短い日記を1ヶ月続ければ、作文力は몰라보게（見違えるほど）つきますよ。日常生活の言い回しをマスターできます。ブログで、韓国語の日記を公開する人も増えましたね。시작이 반이라고 하잖아요, 오늘부터 일기를 한국어로 써 보면 어떨까요?

読解にチャレンジ

11월 9일 금요일 맑음

　오늘은 친구들과 (①　　　) 농촌으로 체험학습 (②　　　) 다녀왔다.

　고구마를 수확하는 농부들의 일손을 돕는 일이었다. 체력에는 a. 다들 자신이 있어 어렵지 않을 b. 거라고 생각했지만 모두들 농사일이 처음이라 매우 c. 서툴렀다.

　ア. 농부 아저씨들은 매일 힘들겠다는 생각이 들었다. 그러나 조금이나마 도움이 되고자 열심히 일했다. イ. 농촌 사람들이 어려운 일을 척척 해내는 모습이 마치 마술 같았다.

　막 수확한 고구마를 간식으로 먹었는데 정말 맛있었다. 농촌 사람들은 우리가 먹는 야채보다 신선하고 맛있는 것을 먹을 수 있을 것이다.

　아름다운 시골 풍경을 보면서 일하니 아주 상쾌했다. 아침에는 비가 (③ 내릴까 봐) 우산을 가지고 왔지만 (④ 다행히) 비는 오지 않았다. 힘들었지만 즐거운 하루였다.

Lesson 19

Q1 本文をよく読んで、次の問いに答えなさい。　　基本問題

1. 本文の内容と一致するものを選びなさい。
  a. サツマイモを昼食に食べた。　　b. 朝は雨が降った。
  c. 筆者は体力に自信がなかった。　　d. 皆仕事の後は気分爽快だった。

2. 本文の内容と一致するものを選びなさい。
  a. 그들은 고구마를 수확하는 농부들을 도우려고 했다.
  b. 그들은 체력에 자신이 있어 쉽게 농사일을 했다.
  c. 그들은 농촌을 보는 게 처음이었다.
  d. 그들은 시골 풍경을 싫어했다.

3. ①・②に入る適切な単語を選びなさい。
  ① a. 함께　　b. 동시　　c. 별로　　e. 따라서
  ② a. 이　　b. 으로　　c. 에게　　d. 을

4. 下線部a.とほぼ同じ意味の語句を本文中から抜き出しなさい。
  (　　　　　　　　　　)

5. 下線部b.を、縮約されていないハングル4文字の表現で書きなさい。
  _____

6. b <u>서툴렀다</u>の原形を書きなさい。
  (　　　　　　　　　)

7. ③・④の日本語を、それぞれ3文字の韓国語に訳しなさい。
  ③ (　　　　　　　　　)　　④ (　　　　　　　　　　　)

8. 下線部ア・イを日本語に訳しなさい。
  ア. _____
  イ. _____

Q2 推量表現に注意して、次の問いに答えなさい。 力だめし発展問題

1. 次の3人の刑事のうち、犯人を最も確信している人と、最も自信がない人を、それぞれ書きなさい。

- 김 형사 "참치회를 훔친 범인은 이웃의 아줌마인 것 같다."
- 박 형사 "참치회를 훔친 범인은 도둑고양이일 것이다."
- 임 형사 "참치회를 훔친 범인은 이 집의 주인일지도 모른다."

確信している人（　　　　　　　　　　）

自信がない人（　　　　　　　　　　）

2. 次の推量を含む各文を、カッコ内の文体や表現を使って韓国語に訳しなさい。

a. 明日は暑そうです。［겠 / 합니다体］

＿＿＿＿＿＿＿＿＿＿＿＿＿＿＿＿＿＿＿＿＿＿＿＿＿

b. 子供たちはテレビばかり見ているみたいです。［같다 / 합니다体］

＿＿＿＿＿＿＿＿＿＿＿＿＿＿＿＿＿＿＿＿＿＿＿＿＿

c. 午後は雨が降るかもしれません。［모르다 / 해요体］

＿＿＿＿＿＿＿＿＿＿＿＿＿＿＿＿＿＿＿＿＿＿＿＿＿

d. あの人たちは、日本人じゃないみたいですよ。［-가 보다 / 해요体］

＿＿＿＿＿＿＿＿＿＿＿＿＿＿＿＿＿＿＿＿＿＿＿＿＿

e. 雨が降るかと思って傘をもって来ました。［-까 봐 / 해요体］

＿＿＿＿＿＿＿＿＿＿＿＿＿＿＿＿＿＿＿＿＿＿＿＿＿

Lesson 19

答え合わせ Lesson 19

基本問題

Q1
1. d 2. a 3. ① a ② d 4. 모두들 5. 것이라고
6. 서투르다 7. ③ 올까 봐 ④ 다행히
8. ア. 農夫のおじさんたちは、毎日大変だろうと思った。
　 イ. 農村の人たちが難しい仕事をてきぱきとこなす姿は、まるで魔法のようだった。

力だめし発展問題

Q2
1. 確信している人 (박 형사：パク刑事) ／自信がない人 (임 형사：イム刑事)
2. a. 내일은 덥겠습니다.
   b. 아이들은 텔레비전만 보고 있는 것 같습니다.
   c. 오후에는 비가 올지도 모르겠어요. (몰라요)
   d. 저 사람들은 일본 사람이 아닌가 봐요.
   e. 비가 올까 봐 우산을 가지고 왔어요.

日本語訳

　　　　　　　　　　　　　　　11月9日金曜日　晴れ

　今日は友人たちと一緒に農村に体験学習に行ってきた。
　サツマイモを収穫する農夫たちの仕事を手伝う仕事だった。みんな体力には自信があり、難しくないだろうと思っていたが、みんな農作業が初めてだったので、とても下手だった。
　農夫のおじさんたちは、毎日大変だろうと思った。しかし、少しでも助けになろうと思って一生懸命働いた。農村の人たちが難しい仕事をてきぱきとこなす姿は、まるで魔法のようだった。
　収穫したてのサツマイモをおやつに食べたが、本当においしかった。農村の人たちは、私たちが食べる野菜より、新鮮でおいしいものを食べられるのだろう。
　美しい田舎の風景を見ながら働いたので、とても爽快だった。朝は雨が降るかと思って傘を持って来たが、幸い雨は降らなかった。大変だったけれど楽しい1日だった。

● 単語をおさらい

韓	日	韓	日	韓	日
농촌	農村	체험	体験	다녀오다	行ってくる
고구마	サツマイモ	수확하다	収穫する	농부	農夫
일손	人手、仕事の手	체력	体力	농사일	農作業
해내다	やり抜く	모습	姿	막	～したばかり
간식	間食、おやつ	시골	田舎	풍경	風景

前田先生の解説　Lesson 19

> CDを聞きながら、本文をもう一度音読してみましょう。
>
> 11월 9일 금요일 맑음
>
> 　오늘은 친구들과 함께 농촌으로 체험학습을 다녀왔다.
> 　고구마를 수확하는 농부들의 일손을 돕는 일이었다. 체력에는 다들 자신이 있어 어렵지 않을 거라고 생각했지만 모두들 농사일이 처음이라 매우 서툴렀다.
> 　농부 아저씨들은 매일 힘들겠다는 생각이 들었다. 그러나 조금이나마 도움이 되고자 열심히 일했다. 농촌 사람들이 어려운 일을 척척 해내는 모습이 마치 마술 같았다.
> 　막 수확한 고구마를 간식으로 먹었는데 정말 맛있었다. 농촌 사람들은 우리가 먹는 야채보다 신선하고 맛있는 것을 먹을 수 있을 것이다.
> 　아름다운 시골 풍경을 보면서 일하니 아주 상쾌했다. 아침에는 비가 올까 봐 우산을 가지고 왔지만 다행히 비는 오지 않았다. 힘들었지만 즐거운 하루였다.
> 網かけの部分は、解説がある表現です。

> 日記は、難しい表現を使う必要はありません。毎日、習慣的に書くということが大事なのです。平易な文章を毎日書き、時には韓国の人に読んでもらい、表現に間違いがないかチェックしてもらいましょう。インターネット上のコミュニティを利用するのもお勧めです。

Q1-3-①
와/과 함께

「〜と一緒に／共に」の意味です。ほぼ同じ意味の表現に「와/과 같이」があり、こちらを使っても間違いではありません。ただ、"志を共にする"といった場合には「함께」を多く使います。

　　우승할 때까지 우리와 함께 연습합시다.
　　優勝する時まで、私たちと共に練習しよう。
　　과장님과 같이 거래처에 왔다.
　　課長と一緒に取引先に来た。

「와/과 함께」は、動詞の名詞形を伴い、「〜すると共に」の意味もあります。

　　경기가 끝남과 함께 수많은 사람이 모여 왔다.
　　競技終了と共に、数多くの人が集まってきた。

Q1-4.
다들・모두들

「다들」の「들」(〜達) は、「다」(皆・全部) を強調しています。다だけでも意味は変わりません。ほぼ同じ意味の表現は、同じ文章の次の行に出てくる「모두들」です。「모두」だけでも「皆・全員」の意味です。

「-ㄹ/을 거라고」は、「-ㄹ/을 것이라고」が縮約したもので、会話で使われる言い回しです。「ㄹ/을 것」は推量表現「〜であろう」で、この後詳しく説明します。後ろについた「라고」は、Lesson 8 で勉強した引用表現。本文の「-ㄹ/을 것이라고」は、「〜であろうと（考えたが）」と訳します。そのすぐ後ろに出てくる「처음이라」の「라」にも注目しましょう。これは、「(이)라서」の略で、名詞について「〜なので」という理由をあらわします。

Q1-5.
거라고
伝聞・
引用表現
→Lesson8

　　　나는 오빠라 울지 말아야겠다고 생각했어.
　　　僕はお兄ちゃんだから泣くもんかと思ったんだ。

「서투르다」(下手だ) は、Lesson11 で勉強した르変則用言です。語幹が르で終わる用言の大部分は르変則活用。覚えていますか？　아/어で始まる語尾がつく場合に、르がㄹ라/ㄹ러に活用するんでした。「모르다」(知らない)、「누르다」(押す)、「빠르다」(速い) などがあるんでした。確認しましょう。

Q1-6.
르変則用言
→Lesson11

　　　陽母音 (ㅏ/ㅗ) +르　　　→ ㄹ라　빠르다 (速い) → 빨라요
　　　陰母音 (ㅓ/ㅜ/ㅡ/ㅣ) +르 → ㄹ러　부르다 (歌う) → 불러요

語幹が르で終わる用言は変則活用が多いので注意が必要です。これまで、Lesson 3 で「으変則」、Lesson11と本課で「르変則」を勉強しましたが、もうひとつ、「러変則」があります。러変則用言は、푸르다 (青い)、노르다 (黄色い)、누르다 (黄色い)、이르다 (至る) の四語のみで、아/어で始まる語尾がつく場合に、아/어が러に変化します。

으変則用言
→Lesson3
러変則用言

　　　러変則：푸르다 (青い) 푸르 + 어요 → 푸르러요
　　　　　　　이르다 (至る) 이르 + 어요 → 이르러요

なお、「서투르다」(下手だ) とよく混同する単語に、「서두르다」(急ぐ) があります。これも、르変則活用用言です。

　　　①서두르지 마.　　　急ぐな.
　　　②아직 서툴러요.　　まだ下手です.

①は、「두」を「ドゥ」としっかり濁音で発音しましょう。②は、「韓国語がお上手ですね (한국말 잘하시네요)」と言われた時の返答です。「투」はしっかり息を出して、激音で発音します。

Q1-7-③	보다を使った推量表現は、日本語ではあまり使わない表現なので、注意が必要です。「-ㄹ까 봐」は、話し言葉でよく使われる言い回しで、「その状況になることを心配する」ニュアンスです。
-ㄹ/을까 봐	

  실수할까 봐 많이 걱정했다. 失敗しないかと大変心配した。

  「-나 보다/는가 보다」と「-ㄴ가 보다」もよく使う表現なので、使いこなせるようになりましょう。ニュアンスの違いはほとんどありません。

  (動詞・存在詞語幹＋나 보다/는가 보다)
  다이어트를 하나 봐요. ダイエットしているようですね。
  아무도 없는가 봐요. 誰もいないようです。

  (形容詞・指定詞語幹＋ㄴ가 보다)
  추운가 봐요. 寒いようです。

Q1-7-④	「다행히」(幸い)は形容詞「다행하다」(幸いだ)の「하다」が「히」に変わって副詞になったものです。他に「조용히」(静かに)、「무사히」(無事に)、「굉장히」(ものすごく)などがよく使われます。
다행히	

Q1-8-ア.	「생각이 들다」は、直訳すると「考えが入る」。転じて、「考えに至る」「思う」「考えつく」という意味になります。
생각이 들다	

  좋은 생각이 들었어요. いいこと思いつきました。

  また、日本語とよく似た表現に、「気に入る」があります。韓国語でも、日本語と同様「마음에」(心に・気に)「들다」(入る)という言い方をします。

  선물 정말 마음에 들었어요. プレゼント、本当に気に入りました。

Q1-8-イ.	「척척」は「テキパキと」を意味する擬態語です。
척척	

  일을 척척 해 나간다. 仕事をテキパキと片付ける。

  擬声語や擬態語は出てきたつどに例文の中で覚えましょう。擬態語や擬声語は、韓国語版の漫画を読んでみるとたくさん出てきて、絵と一緒に印象に残りますから、読んでみてください。

Lesson 19

「마치」は「まるで・あたかも」。よく似た意味で、「꼭」もあります。「まるでダメだ」という時には、「전혀」を使います。

마치 꿈 같아요.	まるで夢のようです。
꼭 예술가 같은 태도.	まるで芸術家のような態度。
영어는 전혀 못해요.	英語はまるでできません。

Q1-8-イ.
마치

「마술」は、直訳すると「魔術」。魔法のほか、種のある手品のことも魔術と言います。そう言えば、マッチ棒を使った手品を生徒に見せたら、「마술 잘하시네요」と言われ、驚いたことがありました。

마술

さて、Q1-8は、ア、イ、どちらの文章も推量表現を使っています。主な推量表現を以下にまとめます。確信度はわかりやすいようにつけてみましたがあくまで私の主観ですので、参考程度にしてください。

Q1-8.
推量表現
確信度の例

表現	例文	ニュアンス	確信度
-겠-	비가 오겠다	(まず間違いなく)雨が降るだろう	90%
-ㄹ 것이다	비가 올 것이다	(「-겠-」より漠然とした印象から)雨が降るだろう	80%
-ㄹ 것 같다	비가 올 것 같다	(不確実な主観による推測)雨が降るようだ	70%
-려나 보다 /-는가 보다 /-ㄴ가 보다	비가 오려나 봐요	(空を見て推測する)雨が降りそうだ	60%
-ㄹ까 봐	비가 올까 봐 우산을 샀다	(心配、懸念を表す)雨が降ると思うので傘を買った	50%
-ㄹ지도 모르다	비가 올지도 모른다	雨が降るかもしれない(可能性のひとつとして示す)	20%

「-ㄴ 것 같다」は、「같다=~ようだ」からうかがえるように、不確実な推量です。それに対し「-ㄹ 것이다」(であるだろう)はより確信をもつニュアンスが強くなります。「-ㄹ지도 모르다」(かもしれない)は日本語と同じ発想です。なお、「것」の前につく連体形語尾は時制によって変わります。

할 것 같다	するようだ(これからのことに対する推量)
하는 것 같다	しているようだ(現状または習慣に対する推量)
한 것 같다	したようだ(過去の出来事に対する推量)

Lesson 20　眼鏡店にて

★POINT! ここがポイント!　尊敬表現

　社会人の韓国語学習者には自己紹介や初対面の人との挨拶などがついて回ります。研修旅行や交流会などで、敬語に自信がなかったために口ごもってしまった経験があるのではないでしょうか？　学習者といっても敬語の間違いは相手に不快感を与えかねませんので、早い段階でしっかりと学習して使えるようになっておきたいものですね。자, 그럼 경어에 대해서 공부를 시작합시다.

聞き取りにチャレンジ

まずはCDの音声を聞いてみましょう

CD track 20

Q1 CDをよく聞いて、次の問いに答えなさい。　**聞き取り問題**

1. 本文と一致するものを選びなさい。
　a. ユミは派手な色があまり好きではない　b. 最近は丸い眼鏡が流行っている
　c. その眼鏡は、レンズ別で13万Wだった　d. 輸入品を少しまけてもらった

2. 本文の記述と<u>異なるもの</u>を選びなさい。
　a. 店員は輸入品を勧めた。　b. ユミは流行している眼鏡を選んだ。
　c. ユミは値引き交渉した。　d. 店員は値引きに応じなかった。

3. ユミが選んだ眼鏡の値段（レンズ込み）を日本語で書きなさい。

　_____

4. ユミが選んだ支払い方法を日本語で書きなさい。

　_____

Lesson 20

下の文章を見ながらCDの音声を何度もくり返し聞いてみましょう

유미 : 안경을 새로 맞추려고 하는데요. 제 얼굴엔
　　　 (①　　　　　　　　　　　)?
직원 : 요즘은 사각형 뿔테 안경이 아주 인기입니다.
　　　 (②　　　　　　)?
유미 : 음… 좀 더 차분한 색은 없어요?
직원 : 그러면 수입품 ア.<u>어때요</u>? 여러 가지가 있으니까
　　　 (③　　　　) イ.<u>보고</u> 마음에 드시는 거 있으면 써 보세요.
유미 : 네… ウ.<u>이거 괜찮네요. 얼마예요?</u>
직원 : (④　　　　　　　　　). 렌즈 포함해서 30만 원입니다.
유미 : 에? 좀 싸게 해 주세요.
직원 : 손님, 이거 수입품이라 エ.<u>싸게 해 드리면 본전도 안 돼요.</u>
유미 : 그래요? 그럼 신용 카드로 계산할게요.

＊뿔테 안경　セル枠の眼鏡（角枠の眼鏡）

Q2 次の問題に答えなさい。　　　　　　　基本問題

1. 本文の①～④を埋めなさい。

　① _____

　② _____　③ _____

　④ _____

2. 下線部ア・イは、CDの音声と異なっています。音声通りに書きなさい。

　ア. (　　　　　　　　　) イ. (　　　　　　　　　)

3. 下線部ウ・エを日本語に訳しなさい。

ウ. _____

エ. _____

Q3 次の問題に答えなさい。　　　　力だめし発展問題

1. 次の各文には間違いがあります。訂正して、日本語に訳しなさい。

例) 좀 더 싼 거 (계세요)?
　　　있어요　　　　　もう少し安いものはありますか？

a. 지금 이쪽으로 오시고 있어요？

_____　_____

b. 아버지, 식사 먹으세요.

_____　_____

c. 그 분을 알세요？

_____　_____

2. 次の日本語を韓国語に訳しなさい。

① 社長は今おりません。[합니다体] _____

② お先にお行きください。[해요体] _____

③ ご家族は何人ですか。[해요体] _____

Lesson 20

答え合わせ　Lesson 20

聞き取り問題

Q1
1. a　2. b　3. 30万ウォン　4. クレジットカード

基本問題

Q2
1. ①어떤 스타일이 어울릴까요　②이건 어떠세요　③천천히　④예쁜 안경 고르셨네요
2. ア. 어떠세요　イ. 보시고
3. ウ. 이거, 悪くないですね。いくらですか？
   エ. お安くすると仕入れ値にもなりません。

力だめし発展問題

Q3
1. a. 오시고 있어요→오고 계세요　今こちらに向かっていらっしゃいますか。
   b. 먹으세요→드세요　お父さん、お食事召し上がってください。
   c. 알세요→아세요　その方をご存じですか。
2. ① 사장님은 지금 안 계십니다.　② 먼저 가세요.　③ 가족은 몇 분이세요?

日本語訳

ユミ：眼鏡作ろうと思うんですけど。私の顔にはどんなスタイルが合いますか。
店員：最近は四角いセル枠の眼鏡が大変人気です。これはいかがですか。
ユミ：う～ん。もうちょっと落ち着いた色はありませんか。
店員：それでしたら輸入品はいかがですか。いろいろありますから、ゆっくり見てお気に召したものがあればかけてみてください。
ユミ：はい……。これ、悪くないですね。いくらですか。
店員：すてきな眼鏡をお選びになりましたね。レンズを入れて30万ウォンです。
ユミ：えっ、ちょっと安くしてくださいよ。
店員：お客さん、これは輸入品ですからお安くすると仕入れ値にもなりません。
ユミ：そうですか。じゃあ、クレジットカードで支払います。

単語をおさらい

안경	眼鏡	새로	新しく	맞추다	合わせる	어울리다	似合う
사각	四角	형	型	뿔테	セル枠	차분하다	落ち着いている
수입	輸入	천천히	ゆっくり	렌즈	レンズ	포함하다	含む
본전	元手	신용 카드	クレジットカード				

前田先生の解説　Lesson 20

CDを聞きながら、本文をもう一度音読してみましょう。

유미 : 안경을 새로 맞추려고 하는데요. 제 얼굴엔 어떤 스타일이 어울릴까요?
직원 : 요즘은 사각형 뿔테 안경이 아주 인기입니다. 이건 어떠세요?
유미 : 음… 좀 더 차분한 색은 없어요?
직원 : 그러면 수입품 어떠세요? 여러 가지가 있으니까 천천히 보시고 마음에 드시는 거 있으면 써 보세요.
유미 : 네… 이거 괜찮네요. 얼마예요?
직원 : 예쁜 안경 고르셨네요. 렌즈 포함해서 30만 원입니다.
유미 : 에? 좀 싸게 해 주세요.
직원 : 손님, 이거 수입품이라 싸게 해 드리면 본전도 안 돼요.
유미 : 그래요? 그럼 신용 카드로 계산할게요.

網かけの部分は、解説がある表現です。

確かに韓国の眼鏡は安いです。安いからといって品質が悪いわけではありません。韓国は日本に比べて物価が安いので、ショッピングも旅行の大きな楽しみの一つですね。ショッピングの会話にも慣れておきたいものです。店員さんの韓国語をどのくらい聞き取れるか、自分の韓国語がどのくらい通じるのか、これも楽しみの一つです。

Q2-1-①
-ㄹ/을까요?
→Lesson18

Lesson18でも勉強した、「-ㄹ/을까요?」には「〜でしょうか?」という疑問・推量の意味もあります。通常の疑問文に比べ、推量のニュアンスが入ります。

　　그는 언제 올까요?　彼はいつ来るでしょうか？
　　그는 언제 와요?　彼はいつ来ますか？

Q2-2.
尊敬表現

尊敬表現の基本は、用言の語幹に「시」をつけます。해요体の場合は「아/어」に代えて「세」をつけます。

보다	見る	→	보 시 다	→	보시다	ご覧になる
봅니다	見ます	→	보 시 ㅂ니다	→	보십니다	ご覧になります
봐요	見ます	→	보 아요	→	보세요	ご覧になります

　　　　　　　　　　　　　↑
　　　　　　　　　　　　세

ㄹ語幹ではㄹが脱落し、子音語幹では으が挿入され「으시」「으세」となります。

Lesson 20

		尊敬	합니다体	해요体	
알다	知る	아시다	아십니다	아세요	ご存知です
읽다	読む	읽으시다	읽으십니다	읽으세요	お読みになります

設問にあった어때요は、ㅎ変則用言「어떻다」です。

```
              세
              ↓
어때요  どうですか    어떻 어요   어떠세요   いかがですか
                   ↑ㅎ変則活用
```

ㅎ変則用言
→Lesson2

합니다体では、어떠십니까？となります。

尊敬の意味を持つ単語もいくつかあります。敬語は使えないと相手に失礼になりますから、しっかり覚えて使えるように準備しておきましょう。

尊敬の単語

있다	いる	→	계시다	いらっしゃる
없다	いない	→	안 계시다	いらっしゃらない
먹다	食べる	→	드시다, 잡수시다	召し上がる
마시다	飲む	→	드시다	召し上がる
이름	名前	→	성함	お名前
밥	ご飯	→	진지	お食事
말	言葉	→	말씀	お言葉
나이	歳	→	연세	お歳
사람	人	→	분	方
주다	あげる	→	드리다	差し上げる

ところで、해요体の尊敬表現「세요」には、そのままで丁寧な命令・依頼・勧誘「〜してください」という意味にもなります。

    천천히 보세요．　ゆっくりご覧ください。
    열심히 하세요．　一生懸命やってください。

합니다体の場合は、語幹に「십시오」をつけます。

    안녕히 가십시오．　　さようなら。
    한 번 읽어 보십시오．　一度お読みになってみてください。

| Q2-3-ウ. 괜찮다 | 괜찮다は基本的には「大丈夫」という意味ですが、韓国語では「なかなかよい」の意味でも使います。日本語でも、「悪くない」という言い回しを使いますが、これとほぼ同じです。

　　　　　이 요리 괜찮네요.　この料理、悪くないですね。 |
|---|---|
| 얼마예요 | 「いくらですか」という定番の表現です。皆さんご存じだと思いますが、指定詞「이다」の해요体「예요」は、つづり通りに読むと「イェヨ」ですが、現在は「エヨ」と発音します。特に「얼마예요」は、最近では発音どおりに「얼마에요」と表記される場合もあります。 |
| Q2-3-エ. まける、安くする | 「まける、安くする」という表現は、「깎아 주세요」がよく紹介されていますが、ちょっと俗語っぽい感じ。「싸게 해 주세요」のほうが標準的です。

　　　아줌마, 이거 좀 싸게 해 주세요.
　　　おばさん、これ、ちょっと安くしてくださいよ。
　　　친구에게 선물을 해야 되는데 좀 더 깎아 주면 안 될까요?
　　　友達にプレゼントしなくてはならないんだけれど、
　　　もうちょっとまけてもらえません? |
| Q3-1-a. 進行形の尊敬 | 進行形「-고 있다」(〜している)を尊敬表現にする場合は、必ず後ろの「있다」を「계시다」にします。「오고 있다」は「오고 계시다」が正しく、「오시고 있다」とは言えません。ただし、「오시고 계시다」と言うことはできます。これは二重に尊敬表現を使って、敬意を高めているわけです。通常は、「-고 계시다」を用いるのが普通です。しっかりと覚えるようにしましょう。

　　　　　지금 일하고 계세요?　今お仕事をなさっていますか? |
| Q3-1-b. 드시다 | 若い人の中には、「먹으세요」を使うケースも出てきていますが、誤りです。さらに敬意を高めて、「진지 잡수세요」という言い方もあります。「진지」は「お食事」、「잡수시다」は「召し上がる」で、「드시다」よりも敬意を高めた言い回しです。ただし、家族である父親に対して使うには丁寧過ぎるので、このケースでは「식사 드세요」が良いでしょう。
　ちなみに、「드시다」(召し上がる)は、「들다」(持つ、取る)の尊敬表現です。「들다」自体にも「먹다 / 마시다」の美化語「いただく」という意味があり、自分に対しても使うことができます。

　　　　　식사를 듭시다.　お食事をいただきましょう。 |

日本語の「おりません」で迷いませんでしたか。日本語では、「(社長の)山田は今不在です」のように、外部に対して身内には尊敬表現を使いません。「おりません」というのも、日本語特有の謙譲表現ですね。一方、韓国語では「社長様は今いらっしゃいません」のように、外部に対しても尊敬表現を使います。これを絶対敬語と言います。一方、日本語のように、外部に対して身内に尊敬表現を使わない敬語を相対敬語と言います。

> Q3-2-①
> 日韓の敬語の違い

　　여보세요, 권태영 과장님 계십니까?
　　もしもし、クォン・テヨン課長はいらっしゃいますか。
　　죄송합니다. 지금 안 계십니다.
　　申し訳ございません。今いらっしゃいません(おりません)。

　해요体なので、「먼저 가세요?」が正解ですが、より丁寧に表現すれば「먼저 가시겠습니까?」となります。この「겠」は相手の意向をうかがう控えめな態度を表します。自らに使って、へりくだったニュアンスとなることもあります。

> Q3-2-②
> 控えめな態度を表す겠

　　무엇을 하시겠습니까?　　何をなさいますか?
　　알겠습니다.　　　　　　承知いたしました。
　　모르겠습니다.　　　　　わかりません。

　「몇 분이세요」を、より丁寧に表現すれば「어떻게 되십니까?」(どのようになっていらっしゃいますか)となります。「何人ですか」などと単刀直入に尋ねるのが失礼になる場合に、婉曲に尋ねる表現です。「~는/가 어떻게 되십니까?」は数を尋ねる場合以外にも、いろいろなケースに使えます。

> Q3-2-③
> 어떻게 되십니까

　　예정은 어떻게 되십니까?　　ご予定はどうなっていらっしゃいますか。
　　식사는 어떻게 되세요?　　　お食事はどうなっていらっしゃいますか。

**前田先生の
ユジャチャでひと息　敬語表現は早いうちに**

　해요体と합니다体のどちらを先に覚えるかは、難しい問題です。私の考えでは、합니다体から勉強なさるのがよいでしょう。少し硬い印象になっても、どこに出ても恥ずかしくない丁寧な言葉から学んでほしいと思います。
　同じことが、敬語にも言えます。社会人の方は、言葉に自信がなくてもフォーマルな席で自己紹介を迫られることがあります。そういう時のために敬語表現の基本は早い段階から勉強しておきたいものです。

Lesson 21　1000ウォンキムパプ

★POINT!
ここがポイント！　可能表現

さて、여러분、もうだいぶ終わりに近づいてきましたが、勉強のほうは즐겁게進んでいますか？　今回は可能表現を中心に学びます。話題としては김밥を取り上げました。日本の海苔巻きと似てはいますが、참기름（ゴマ油）や소시지（ソーセージ）、시금치（ほうれん草）などが入っていて、味は完全に韓国風です。자, 그러면 오늘도 재미있게 공부합시다.

読解にチャレンジ

　한국에는 싼값에 식사할 수 있는 곳이 많다. 특히 유명한 것이 "천원김밥"이다. 김밥이 한 줄에 (①わずか) 천 원. 오이나 계란말이, 단무지 등이 들어 있는데 천 원이라는 가격이 a. <u>믿을 수 없을 만큼이다</u>. 매운 음식을 b. <u>먹지 못하는</u> 사람이나 한국 음식을 먹을 (②　　　) 모르는 외국인에게도 좋을 것이다. 가장 (③よく) (④보다) 식당 이름은 "김밥천국"이다. 김밥은 물론 찌개나 볶음밥 같은 다양한 메뉴를 싼 가격에 배불리 먹을 수 있다.

　돈이 없는 학생들은 c. <u>될 수 있는 대로</u> 싸게 식사를 하고 싶어할 것이다. 김밥천국은 학생들이 크게 부담을 느끼지 않고 (⑤먹다) 곳이다.

　학생뿐만 아니라 ア. <u>천원김밥이 등장하면서 소풍 등을 갈 때 이용하는 사람이 많아졌다</u>고 한다.

Lesson 21

Q1 本文をよく読んで、次の問いに答えなさい。　**基本問題**

1. 本文の内容と一致するものを選びなさい。
 a. 韓国には1000ウォンキムパプというチェーン店がある。
 b. 「キムパプ天国」はキムパプの専門店だ。
 c. 学生は安いお金で少しでも豪華なものを食べたがる。
 d. キムパプは外国人にも最適な料理だ。

2. 1000ウォンキムパプに入っている具の例を、日本語で３つ挙げなさい。
 (　　　　　) (　　　　　　) (　　　　　　)

3. ①・③にあてはまる語句を下から記号で選びなさい。
 a. 최고　　b. 흔히　　c. 꽤　　d. 불과　　e. 많게는　　f. 과연
 ① (　　　　　　)　③ (　　　　　　)

4. 下線部a〜c.を、指示に従って韓国語に訳しなさい。

 a. ＿＿＿＿＿＿＿＿＿＿＿＿＿＿（"정도"を用いる）

 b. ＿＿＿＿＿＿＿＿＿＿＿＿＿＿（3文字）

 c. ＿＿＿＿＿＿＿＿＿＿＿＿＿＿（"되다"を用い、5文字）

5. ②に適切なハングル一文字を入れなさい。
 (　　　　　　)

6. ④・⑤の単語を、前後のつながりに注意して「〜できる」という形に活用して書きなさい。

 ④ ＿＿＿＿＿＿＿＿＿＿＿＿＿＿＿

 ⑤ ＿＿＿＿＿＿＿＿＿＿＿＿＿＿＿

7. 下線部アを日本語に訳しなさい。

ア. _____

_____

Q2 可能・不可能表現に注意して、次の問いに答えなさい。　　【力だめし発展問題】

1. 下の語群にある表現を、それぞれ1回ずつ使って適切な韓国語に訳しなさい。

a. 昨日から歯が痛くて、ご飯を食べられません。［해요体］

_____

b. アレルギーがあるので、卵を食べられません。［해요体］

_____

c. 自動車 (자동차) を運転できません。［해요体］

_____

〔 못- / -ㄹ 수 없어요 / -ㄹ 줄 몰라요 〕

2. 次の各文を、カッコ内の表現を使って합니다体で作文しなさい。

a. ビールを飲めますか？ (수) _____

b. 写真は撮れません。(모르다) _____

c. 参加できません。(참석 / 못) _____

d. 使えますか？ (쓰다 / 줄) _____

Lesson 21

答え合わせ Lesson 21

基本問題

Q1

1. d 2. きゅうり、卵焼き、たくあん
3. ① d ③ b
4. a. 믿을 수 없을 정도다 b. 못 먹는 c. 될 수 있는 한
5. 줄 6. ④볼 수 있는 ⑤먹을 수 있는
7. ア. 1000ウォンキムパプが登場して以来、遠足などに行く時利用する人が増えたという。

力だめし発展問題

Q2

1. a. 어제부터 이가 아파서 밥을 먹을 수 없어요.
   b. 알레르기가 있어서 계란을 못 먹어요.
   c. 자동차를 운전할 줄 몰라요.
2. a. 맥주를 마실 수 있습니까? b. 사진을 찍을 줄 모릅니다.
   c. 참석 못 합니다. d. 쓸 줄 압니까?

日本語訳

　韓国には安い値段で食事できるところが多い。特に有名なのが「1000ウォンキムパプ（のり巻き）」だ。キムパプ1本でたったの1000ウォン。キュウリや卵焼き、たくあんなどが入っているのに1000ウォンという値段は信じられないくらいだ。辛い料理が食べられない人や、韓国料理を食べられない外国人にもよいだろう。最もよく見かける食堂の名前は「キムパプ天国」だ。キムパプだけでなく、チゲやチャーハンのような豊富なメニューを安い値段でお腹いっぱい食べることができる。

　お金がない学生は、できるだけ安く食事をしたがるものだ。キムパプ天国は学生が大して負担を感じずに食べられるところだ。

　学生だけでなく、1000ウォンキムパプが登場して以来、遠足などに行く時利用する人が増えたという。

単語をおさらい

값	値	줄	～本	천국	天国	배불리	たらふく
부담	負担	느끼다	感じる	등장	登場	소풍	遠足

前田先生の解説 Lesson 21

> CDを聞きながら、本文をもう一度音読してみましょう。
>
> 　한국에는 싼값에 식사할 수 있는 곳이 많다. 특히 유명한 것이 "천원김밥"이다. 김밥이 한 줄에 불과 천 원. 오이나 계란말이, 단무지 등이 들어 있는데 천 원이라는 가격이 믿을 수 없을 정도다. 매운 음식을 못 먹는 사람이나 한국 음식을 먹을 줄 모르는 외국인에게도 좋을 것이다. 가장 흔히 볼 수 있는 식당이름은 "김밥천국"이다. 김밥은 물론 찌개나 볶음밥 같은 다양한 메뉴를 싼 가격에 배불리 먹을 수 있다.
> 　돈이 없는 학생들은 될 수 있는 한 싸게 식사를 하고 싶어할 것이다. 김밥천국은 학생들이 크게 부담을 느끼지 않고 먹을 수 있는 곳이다.
> 　학생뿐만 아니라 천원김밥이 등장하면서 소풍 등을 갈 때 이용하는 사람이 많아졌다고 한다.
> 網かけの部分は、解説がある表現です。

　皆さんは、読解の時も、声を出して本文を読んでいますか？　本文だけではなく、解説の例文も声を出して読んでくださいね。実力アップの秘訣はなんと言っても、例文の暗唱ですよ。例文は文法的な要素が盛り込まれていて、エキスがぎゅっと詰まっています。気に入った例文はマーカーで色をつけて目立つようにして、외웁시다。

Q1-3-①
副詞
接続詞・副詞
→Lesson3、Lesson12

　「불과」は、覚えておきたい副詞のひとつ。漢字で書くと「不過」で、「わずか、ほんの」という意味です。「〜에 불과하다」で、「〜に過ぎない」という決まり文句になります。よく似た意味の副詞に「겨우」がありますが、こちらは「かろうじて」というニュアンスです。

　　그건 소문에 불과합니다.　それは噂に過ぎません。
　　숙제를 겨우 끝냈어요.　宿題をかろうじて終えました。

覚えておきたい副詞

　中級学習者が覚えておきたい副詞を挙げます。副詞を覚えておくと一気に表現の幅が広がります。

적어도	少なくとも	많게는	多いほうでは
꽤	かなり、なかなか	과연	果たして、なるほど
심지어	はなはだしくは	흔히	よく、しばしば
부득이	やむをえず	드디어	ついに
급기야	あげくの果てに	마침내	ついに

Lesson 21

「드디어」、「급기야」、「마침내」はいずれもよく似た意味ですが、「급기야」は悪い結果に、「드디어」と「마침내」はよい結果に使うことが多いようです。

드디어 합격했어요.　　ついに合格しました。
급기야 도산하고 말았다.　とうとう倒産してしまった。
마침내 작품을 완성했다.　ついに作品は完成した。

「用言語幹＋ㄹ/을 정도」で「〜するほど、〜であるくらいに」。未来時制のㄹを使うことに注意しましょう。

Q1-4-a.
-ㄹ/을 정도

힘들지 않을 정도로 하면 돼요.　きつくない位にやれば良いですよ。

「できるだけ」という表現にはいくつか種類があります。それぞれ、少しずつニュアンスが異なるので、ひとつひとつ確認しましょう。

Q1-4-c.
できるだけ

表現	意味	ニュアンス
①될 수 있는 한	できるだけ	必ず、に近い
②될 수 있는 대로	できるだけ	①より若干弱い
③할 수 있는 한	できる限り	最善を尽くす
④가능한 한	可能な限り	やや堅い言い回し
⑤되도록	なるべく	要望を述べる感じ
⑥되도록이면	できるなら	可能ならという感じ
⑦할 수 있는 데까지	できる所まで	無理せず最善を

될 수 있는 한 내일까지 끝내세요.
できるだけ明日までに終わらせてください。
회의는 내일이라 될 수 있는 대로 오늘 봅시다.
会議は明日なので、できるだけ今日会いましょう。
할 수 있는 한 노력해라.
できる限り努力しなさい。
가능한 한 빨리 오시겠어요?
可能な限り早く来ていただけますか?
되도록 현금으로 부탁합니다.
なるべく現金でお願いします。
중요하니까 되도록이면 지금 읽으세요.
重要なので、できるなら今お読み下さい。
오늘 중으로 할 수 있는 데까지 하면 되잖아요.
今日中にやれるところまでやればいいじゃないですか。

173

Q1-7-ア.
면서
→Lesson6

「면서」は、Lesson 6 で勉強したように、動詞語幹について「〜(する)と同時に」となりますが、この文章では異なります。これは、「-면서부터」(〜して以来) の「부터」が省略されており、「1000ウォンキムパブが登場して以来」と訳されます。文脈で意味をつかむしかないので、繰り返し読んで覚えておきましょう。

그 사람이 오면서부터 직장 분위기가 정말 좋아졌어요.
その人が来てから、職場の雰囲気が本当に良くなったんです。

Q2-1.
可能・不可能表現

可能・不可能表現は数種類あります。可能表現は２種類、不可能表現は３種類（構文は４つ）あります。

①-ㄹ 수 있다/없다
最も一般的な「できる」「できない」。「-ㄹ 수 없다」は、能力はあるのに事情によりできない、が本来の意味です。

작년까지 한국에 살았으니 한국말도 할 수 있어요.
去年まで韓国に住んでいたので、韓国語も話せます。
사람이 많아서 기념품을 받을 수 없었어요.
人が多くて、記念品を受け取れませんでした。

②못- / -지 못하다
不可能のみの表現で、意思はあるものの、能力が不足してできないニュアンスになります。「못-」は「-지 못하다」とほぼ同じ意味ですが、主に話し言葉で用います。

매운 음식은 못 먹어서 한국 생활이 걱정이에요.
辛い食べ物は食べられないので、韓国での生活が心配です。
너무 빨라서 선생님 말씀을 쓰지 못했어요.
速すぎて先生のお言葉を書けませんでした。

「-지 못하다」は、一部の形容詞の否定にも使われ、「-지 않다」に比べ、「残念ながら、好ましくない」というニュアンスが入ります。

좋지 않다	よくない
좋지 못하다	(残念ながら)よくない
깨끗하지 않다	きれいでない
깨끗하지 못하다	(残念なことに)きれいでない

Lesson 21

「못」は、発音にも注意が必要です。「못하다」のㅅパッチムは、ㄷと同じ舌の動きになりますので、「ㅎ」と結びついて「ㅌ」になります。また「못 먹어요」の場合はㅅとㅁが結びついて鼻音化します。

  못해요 できません → [모태요]
  못 먹어요 食べられません → [몬머거요]

③ -ㄹ 줄 알다/모르다

  Lesson15で「〜であると思う／思わない」という意味として勉強した表現です。この表現には、もうひとつ可能・不可能の意味があり、「技術や経験を持っている／持っていない」というニュアンスです。

-ㄹ 줄 알다/
모르다
→Lesson15

    ○운전할 줄 알아요. 運転する技術があります＝運転できます
    △결석할 줄 알아요？ 欠席する技術がありますか（？）

  これらを踏まえて、Q2-1の３つの文章を見てみましょう。まず、aとbは、どちらも「食べ方」は知っていると考えられますから、「-ㄹ 줄 몰라요」は使えません。cの「運転できません」は、「運転する技術がない」と考えても成り立つので、まずcの答がわかります。

  紛らわしいのは、aとbです。aは、「昨日から歯が痛くて」とあるので、普段は食べられるが、今は虫歯という事情で一時的に食べられない、と考えられます。一方、bの文章にある「アレルギー」は、場合にもよりますが体質的なもので、普段から卵を食べられないと考えるのが自然です。

  さあ、これでわかりましたね。一時的に食べられないaは「-ㄹ 수 없다」を、普段から食べられないbは、「못」を使うのが適切ということになります。

前田先生の ユジャチャでひと息　気軽に入れる店

 韓国も最近は明るいカフェが増え、１人でも入りやすくなりました。コンビニも日本と違和感がなく、というか違和感が無さ過ぎて不思議な感じがするほどですが、１人で気楽に買い物ができるので便利です。私も、韓国でビジネスホテルに泊まった時は、コンビニやスターバックスコーヒーをよく利用しているのですが、無防備でレジに立っていると、いきなり「봉투 필요하세요?」と聞かれてうろたえることもあります。レジ袋も봉투（封筒）って言うのかって、発見の喜びにひたる余裕もなく、봉투代で50원とられてさらに驚きます。

Lesson 22　レポート提出

★POINT! ここがポイント！　命令・依頼表現

この課では、命令・依頼表現を学びます。「〜してください」という表現は、会話の中で言う必要に迫られる場合が多い表現。しかも、目上の人に失礼にならないかなど、尊敬表現とのからみも考慮しなくてはならず、大変勇気がいります。でも大丈夫、今日の勉強で、迷わずに言えるようになります。

자, 그럼 수업을 시작하도록 합시다.

聞き取りにチャレンジ
まずはCDの音声を聞いてみましょう

CD track 22

Q1　CDをよく聞いて、次の問いに答えなさい。　**聞き取り問題**

1. 本文の内容と一致するものを選びなさい。
　a. レポートは今日提出しないと落第する。
　b. レポートの締め切りは明日になった。
　c. レポートは提出しなくてもよくなった。
　d. レポートは金曜日までに提出すればよくなった。

2. 本文の内容と異なるものを選びなさい。
　a. 학생은 숙제를 안 했다.
　b. 숙제는 지난 번도 연기했다.
　c. 기말고사때문에 숙제는 별로 없다.
　d. 숙제는 어려운 편이다.

3. 教授は、宿題をどこに持ってくるように言ったか。日本語で書きなさい。
　（　　　　　　　　　　　）

下の文章を見ながらCDの音声を何度もくり返し聞いてみましょう

교수 : 자, 오늘 강의는 여기서 마칩니다. 그럼 이번 주까지 내는 리포트 여러분 해 왔지요? a. 제출하십시오.

학생 : 앗, 선생님, 한 주만 더 b. 기다려 주세요.

교수 : 안 되지. 지난번에도 한 주 (①   ).

학생 : 선생님, (②   ) 다른 과목 리포트 (③   ).

교수 : 후움, ア. 그럼, 아직 못 한 사람은 이번 주 금요일까지 연구실로 제출하도록 하세요.

학생 : 감사합니다. 선생님, 근데 숙제가 너무 c. 어려워요.

교수 : 그러니까 イ. 할 수 있는 데까지 열심히 해 봐요. 그리고 절대로 다른 학생 것 그대로 (④   ).

Q2 次の問題に答えなさい。　　基本問題

1. 本文の①〜④のカッコを埋めなさい。

① (　　　　　　　　　) ② (　　　　　　　　　)
③ (　　　　　　　　　) ④ (　　　　　　　　　)

2. 下線部a・cは、CDの音声と異なっています。音声どおりに書きなさい。

a. _____ c. _____

3. 下線部bを、指示に従って書き換えなさい。

_____ (丁寧度を高める：7文字)

4. 下線部ア・イを日本語に訳しなさい。

ア. _____

_____

イ. _____

Q3 命令・依頼表現に注意して、次の問いに答えなさい。　　**力だめし発展問題**

1. 「来る (오다)」を活用させて、指定の文字数で作文しなさい。

① いらっしゃいませ (お客に：5文字) _____

② 来ないでください (目上の人に：5文字) _____

③ 危ないから来ないで (友達に：8文字) _____

2. 次の日本語を、カッコ内の指示に従って韓国語に訳しなさい。

a. 一緒に食べるようにしましょう [-도록：합니다体]

_____

b. その話はしないでください [해요体]

_____

c. 明日からは遅刻しないようにしましょう [-ㅂ시다]

_____

Let's Read! タイムを計りながら本文を音読し、それぞれタイムを記入しなさい。(目標タイム：45秒)

1回目	2回目	3回目	4回目	5回目	6回目	7回目	8回目	9回目	10回目

答え合わせ Lesson 22

聞き取り問題

Q1
1. d 2. c 3. 研究室

基本問題

Q2
1. ①연기해 줬잖아요 (주었잖아요도 可) ②기말이라 ③제출날이랑 겹쳐서요
   ④베껴 오면 안 돼요
2. a. 제출하세요 c. 어려운데요 3. 기다려 주십시오.
4. ア. それでは、まだできていない人は、今週金曜日までに研究室に提出するようにしてください。
   イ. できるところまで一生懸命やってみてください。

力だめし発展問題

Q3
1. ①어서 오세요. ②오지 마세요. ③위험하니까 오지 마.
2. a. 같이 먹도록 합시다 b. 그 이야기는 하지 마세요.
   c. 내일부터 지각하지 맙시다.

日本語訳

教授：じゃあ、今日の講義はこれで終わりです。それでは、今週までレポートを出すことになっていたもの、皆さん、やってきましたね？ 提出してください。
学生：あっ、先生、もう1週間だけ待ってください。
教授：だめだめ。前回も1週延期したじゃないですか。
学生：先生。期末なのでほかの科目のレポートの提出日と重なっているんです。
教授：ふうむ、それでは、まだできていない人は、今週金曜日までに研究室に提出するようにしてください。
学生：ありがとうございます。先生、ところで宿題が難しすぎるんですけど。
教授：ですから、できるところまで一生懸命やってみてください。でも、絶対にほかの学生のものをそのまま写してはダメですよ。

単語をおさらい

강의	講義	마치다	終える、済む	제출	提出	연기	延期
기말	期末	겹치다	重なる	아직	まだ	연구	研究
절대	絶対	베끼다	書き写す	위험	危険	지각	遅刻

前田先生の解説 Lesson 22

CDを聞きながら、本文をもう一度音読してみましょう。

교수 : 자, 오늘 강의는 여기서 마칩니다. 그럼 이번 주까지 내는 리포트 여러분 해 왔지요? 제출 하세요.
학생 : 앗, 선생님, 한 주만 더 기다려 주세요.
교수 : 안 되지. 지난번에도 한 주 연기해 줬잖아요.
학생 : 선생님, 기말이라 다른 과목 리포트 제출날이랑 겹쳐서요.
교수 : 후움, 그럼, 아직 못 한 사람은 이번 주 금요일까지 연구실로 제출하도록 하세요.
학생 : 감사합니다. 선생님, 근데 숙제가 너무 어려운데요.
교수 : 그러니까 할 수 있는 데까지 열심히 해 봐요. 그리고 절대로 다른 학생 것 그대로 베껴 오면 안 돼요.

網かけの部分は、解説がある表現です。

敬語の使い方は基本的には日本語と似ています。違う点が強調されますが、まぁアメリカ人が韓国語の敬語を習うよりははるかに楽だと、どんと構えましょう。今回のスクリプトは、かなり親しい、気心の知れた、先生と学生の会話です。敬語の使いすぎは、相手を遠ざけることにもなります。敬意を持ちつつ親愛の感情を表したいものですね。

Q2-1-①
잖아요

「잖아요」は、用言の語幹について、「～じゃないですか」と同意を求める言い回しです。「-지 않아요」(～ではありませんか) が縮約されたもので、若い人を中心に、口語でよく使う表現です。日本にもいませんか？ 「最近、これ流行ってるじゃないですか」のように、語尾にやたらと「～じゃないですか」をつける人。それと全く同じです。なお、語尾の「요」があるのとないのでは、語感がずいぶん変わります。「요」がないとぞんざいな表現になりますので、注意が必要です。

요즘 일본으로 여행가는 사람이 많잖아요.
最近日本に旅行する人が多いじゃないですか。
내가 하겠다고 했잖아.
僕がするって言ったじゃないか。

Q2-1-②
(이)라(서)
-아/어서
→Lesson15

「기말이라」の「라」は、「라서」の縮約。名詞を導く指定詞「이다」の語幹について、「～なので、だから」と根拠・理由を示します。Lesson15で、用言語幹について原因・理由を表す「-아서/어서」を勉強しましたが、こちらは名詞を導きます。なお、先行の名詞が母音で終わる場合、指定詞は省略されます。

초등학생이라 아직 이해하지 못하겠지요.
小学生だから、まだ理解できないでしょう。
선생님이 아니라서 설명할 수 없어요.
先生じゃないんですから、説明できないです。
아직 스무 살이 되지 않아서 못 해요.
まだ20歳になっていないので、できません。

　体言につき、「～と」と、列挙を表す助詞です。「과/와、하고」の口語体で、柔らかい語幹があり、どちらかというと女性が好んで使います。パッチムで終わる体言につく場合は、「이랑」となります。

Q2-1-③
(이)랑

어머니랑 같이 쇼핑하러 갔어요.
お母さんと一緒にショッピングに行きました。
시장에서 귤이랑 사과를 싸게 샀습니다.
市場で、みかんとリンゴを安く買いました。

　「어려운데요」(難しいんですけど) の「ㄴ데요」は、Lesson10で勉強した婉曲表現で、「～ですけど」と訳します。直接的に断言しない表現で、日本語でもよく用いられるので理解しやすいと思います。動詞・存在詞につく場合と、形容詞・指定詞(体言)につく場合で活用が違うんでした。覚えているでしょうか。

Q2-2-c.
ㄴ데요

　動詞・存在詞につく場合は、母音語幹・子音語幹に関わらず「는데」を使います。

婉曲表現
→Lesson10

숙제는 다 했는데요.　　宿題は全部やったんですけど。
일본 사람은 자주 보는데요.　日本の人はよく見ますよ。

　一方、形容詞・指定詞(体言)につく場合は、「ㄴ데 / 은데」を使います。

여긴데요, 손님.　　ここですよ、お客さま。
아픈데요, 선생님.　　痛いんです、先生。

　ここでひとつ、紛らわしいケースを勉強しましょう。「는/ㄴ/은」と「데」の間を分かち書きすると、「～の場合、～ところ」という意味になります。

학교에 가는 데 시간이 많이 걸렸어요.
学校に行くのに時間がかなりかかりました。

Q3-1.
命令・
依頼表現

命令・依頼表現形にはさまざまな表現があります。「해요」は本来丁寧な言い回しですが、軽い命令の意味を持つこともあり、ややぞんざい表現に近いニュアンスになります。また、本当に立場の高い人には尊敬語を使っても「命令」は失礼なので、「하시지 않겠습니까?」(〜なさいませんか?)といった、否定を使った婉曲表現を用います。代表的なものは以下の6つです。

① -(으)십시오　なさってください (お客や目上の人に)

最も丁寧な言い回しで、店員がお客に対して言う時や、社長のようなかなり目上の人に対して使う言い方です。相手にとって利益になることに誘導するイメージで、相手の手間を煩わす場合は、「-(으)시지 않겠습니까」を使う方がよいでしょう。

　　　이쪽으로 오십시오.
　　　こちらへおいでください。
　　　실례지만 이쪽으로 와 주시지 않겠어요?
　　　恐れ入りますがこちらへ来ていただけませんでしょうか。
　　　이거 받으십시오.
　　　これ、お受け取りください。

② -(으)세요　してください

最も一般的な、敬語による依頼表現です。ほとんどの相手に使え、挨拶などにもよく使います。

　　　안녕히 주무세요.　お休みなさい。
　　　여기에 앉으세요.　ここにお座りください。

③ -아/어요　してよ、しなさいよ

通常の、해요体での平叙文と全く同じです。しかし、命令・依頼の意味で使う時は、ややぞんざいなニュアンスが入り、友人など立場が対等な人や目下の人にしか使えないことに注意が必要です。

　　　열심히 공부해요.　一生懸命勉強しなよ。
　　　점심 같이 먹어요.　お昼ご飯一緒に食べようよ。

④ -게　したまえ

おじいさんや師匠など、壮年以上の人が、年下、弟子など絶対的に立場が下の人に対して使う言い回しで、威厳を示すニュアンスがあります。母音語幹と子音語幹で形が変わりません。

학교에 가게.　　　学校に行きたまえ。
오늘부터 시작하게.　今日から始めたまえ。

⑤ -아/어 (해など)　しなさい
　ぞんざい表現、いわゆる「パンマル」の命令・依頼表現です。作り方は、通常の해요体から、語尾の「요」を除くだけ。かなりぞんざいなニュアンスなので、あまり使わないほうが良いでしょう。

똑바로 해.　ちゃんとしなさい。
빨리 먹어.　早く食べな。

⑥ -아/어라　しろ
　怒りを交えて、命令するニュアンスです。実際に使うことはあまりないと思いますが、知識として覚えておきましょう。

니가 해라.　　　お前がやれ。
당장 사과해라.　今すぐ謝れ。

　さて、「〜するな」「〜しないでください」といった禁止表現も、命令・依頼表現のひとつです。これには、「-지 말다」(〜するのをやめる)を使います。

사진을 찍지 마세요.　写真を撮らないでください。
걱정하지 마.　　　　心配するな。

　動詞・存在詞の語幹につく「도록」にはふたつの意味がありますが、この問題では「〜するように」と、目標を表します。

Q3-2-a.
도록

합격하도록 열심히 노력하세요.
合格するよう一生懸命努力してください。
잊지 않도록 적어 놓으세요.
忘れないよう書いておいてください。

　「도록」には、もうひとつ「〜するまで、するほど」という程度・限界の意味もあります。

눈이 빠지도록 기다렸어요.　目が落ちるほど(=首を長くして)待ちました。
배가 아프도록 웃었다.　　　お腹が痛いほど笑った。

Lesson 23　腕を組む文化

★POINT!
ここがポイント!　「〜になる」

読解の分量も増えて、内容もだいぶ込み入ったものが読めるようになって来ました。学んでいる外国語でその国の人と文化談義ができるというのが、外国語学習の醍醐味ですね。今まで見えなかった日本文化にも気付かされます。韓国語学習が文化を見る目を育てるのです。소리 내면서 읽어 보면 확실히 몸에 익히게 됩니다.

読解にチャレンジ

일본어 통역사가 a. <u>되고 싶어서</u> 4년 전에 일본에 왔다.

일본 생활은 재미있기도 하지만 ①<u>당혹스러운</u> 일도 있었다.

처음 일본에 와서 가장 b. <u>大変だった</u> 것 중 하나는 여자 친구끼리 팔짱을 낄 수 없다는 것이었다.

ア. <u>한국에서는 친한 여자 친구끼리 팔짱을 끼고 다니는 것이 일반적이다.</u> 외국인들이 보기에는 c. <u>見慣れず</u> A [놀라다 / 만하다] 모습이겠지만 한국 사람들은 팔짱을 끼는 것을 통해 친밀한 감정을 느끼고 서로에 대한 친근감을 표현하기도 한다.

하지만 일본 생활에 d. <u>慣れていくうちに</u> 친구와 팔짱을 끼는 행동이 내 눈에도 e. <u>점점</u> 어색하게 느껴졌다.

겨울 방학이 되어서 오랜만에 한국에 돌아갔는데 평소에 친구들과 ②<u>자연스러워게</u> 끼던 팔짱이 왠지 모르게 ③<u>쑥스러웠다</u>.

イ. <u>서서히 일본식 한국 사람이 되어가는 게 아닐까?</u>

184

Lesson 23

Q1 本文をよく読んで、次の問いに答えなさい。　　基本問題

1. 本文の内容と一致するものを選びなさい。
　a. 医者になりたくて日本に来た。
　b. 日本になじめなかったので韓国に帰ることにした。
　c. 久しぶりに韓国に帰ったら、友達と腕を組むことが恥ずかしく感じた。
　d. 日本では友達同士で腕を組むのは失礼に当たる。

2. 下線部a〜d.を、指示に従って韓国語に訳しなさい。

　　a. _____(되다、아/어서を使う)

　　b. _____(힘で始まる4文字)

　　c. _____(3文字)

　　d. _____(-면서を使う7文字)

3. カッコAの語句を正しい形に活用させなさい。
　　(　　　　　　　　　　　)

4. 下線部①〜③には、誤りがひとつあります。番号を指摘して正しく書きなさい。

　_____　_____

5. 下線部e.と、ほぼ同じ意味の単語を次から選びなさい。
　a. 차차　　b. 자주　　c. 어느새　　d. 슬슬

6. 下線部ア・イを日本語に訳しなさい。

　ア. _____

　　_____

　イ. _____

Q2 되다の表現に注意して、次の問いに答えなさい。　　力だめし発展問題

1. 日本語の意味になるように、カッコ内に適切な語句を入れなさい。

ア. なせばなる。　　（　　　　　　）되다.（2文字）

イ. やらねばなりません。（　　　　　　）돼요.（2文字）

ウ. よかった！　　　（　　　　　　）됐다!（1文字）

2. 次の各文を、カッコ内の語句と되다を使って해요体で韓国語に訳しなさい。

a. できるだけ早くやってください。(-도록)

_____

b. もう食べてもいいですよ。(이제)

_____

c. 結婚することになりました。(-게)

_____

d. これを買えばいいです。(이것)

_____

e. お名前はなんとおっしゃいますか。(어떻게)

_____

f. 電話をしても構いませんか？ (전화)

_____

答え合わせ Lesson 23

基本問題

Q1
1. c 2. a. 되고 싶어서 b. 힘들었던 c. 낯설고 d. 익숙해져 가면서
3. 놀랄 만한 4. ② 자연스럽게 5. a
6. ア. 韓国では、仲がよい女性の友達同士、腕を組んで歩くことが一般的だ。
　 イ. 徐々に日本的な韓国人になっていくのではないだろうか。

力だめし発展問題

Q2
1. ア. 하면 イ. 해야 ウ. 잘
2. a. 되도록 빨리 하세요. (해 주세요도 可) b. 이제 먹어도 돼요.
　 c. 결혼하게 됐어요. (되었어요도 可) d. 이것을 사면 돼요.
　 e. 성함이 어떻게 되세요? f. 전화를 해도 돼요?

日本語訳

日本語の通訳士になりたくて、4年前に日本に来た。
日本の生活は面白くもあったが、困惑することもあった。
最初に日本に来て、いちばん大変だったことの1つは、女性の友達同士で腕を組むことができないということだった。
韓国では仲がよい女性の友達同士、腕を組んで歩くことが一般的だ。外国人たちの目には見慣れず、驚きに値する姿かもしれないが、韓国人たちは腕を組むことを通じて親密な感情を感じ、お互いに対する親近感を表現しもする。
しかし、日本の生活に慣れていくうちに、友達と腕を組む行動が、自分の目にもだんだんぎこちなく感じるようになった。
冬休みになり、久しぶりに韓国に帰ったが、普段友達と自然に組んでいた腕組みが、なぜだか恥ずかしかった。
徐々に日本的な韓国人になっていくのではないだろうか。

● **単語をおさらい**

통역	通訳	당혹스럽다	戸惑う	끼리	～同士	팔짱	腕組み
끼다	はさむ	친하다	親しい	낯설다	見慣れない	친밀하다	親密だ
감정	感情	서로	お互い	친근감	親近感	표현	表現
익숙하다	慣れる	쑥스럽다	恥ずかしい	서서히	徐々に		

前田先生の解説　Lesson 23

> CDを聞きながら、本文をもう一度音読してみましょう。
>
> 일본어 통역사가 **되고** 싶어서 4년 전에 일본에 왔다.
> 일본 생활은 재미있기도 하지만 당혹스러운 일도 있었다.
> 처음 일본에 와서 가장 **힘**었던 것 중 하나는 여자 친구끼리 팔짱을 낄 수 없다는 것이었다. 한국에서는 친한 여자 친구끼리 팔짱을 끼고 다니는 것이 일반적이다. 외국인들이 보기에는 낯설고 **놀랄 만한** 모습이겠지만 한국 사람들은 팔짱을 끼는 것을 통해 친밀한 감정을 느끼고 서로에 대한 친근감을 표현하기도 한다.
> 하지만 일본 생활에 익숙해져 가면서 친구와 팔짱을 끼는 행동이 내 눈에도 점점 어색하게 느껴졌다.
> 겨울 방학이 되어서 오랜만에 한국에 돌아갔는데 평소에 친구들과 자연스럽게 끼던 팔짱이 왠지 모르게 쑥스러웠다.
> 서서히 일본식 한국 사람이 되어가는 게 **아닐까**?
>
> 網かけの部分は、解説がある表現です。

「되다」は覚えがいのある単語です。この単語1つで、表現がどれほど広がるか。しかも韓国語らしい表現に多く使われますので、「되다」に習熟すると韓国の匂いがぷんぷんとするおしゃべりができるようになります。하면 된다 (なせばなる)란 속담 알고 있습니까? 이 말을 믿고 공부합시다! 골은 눈앞에!

Q1-2-b.
힘들다

힘들다は「力がいる、難しい、疲れる」という意味の自動詞ですが、形容詞的な活用をすることがあるので注意が必要です。次の用例を見てください。

　　　　힘든 일　疲れる仕事

連体形
→Lesson17
ㄹ語幹用言
→Lesson2

動詞であれば、現在連体形は語幹に「는」をつけて作りますから、힘들다がㄹ語幹用言であることと併せ、「힘드는 일」となるはずです。しかし、「힘들다」は形容詞的な活用をする特殊な動詞で、「힘든 일」となります。
過去形も、形容詞的な活用をし、過去回想の「-았/었던」を使います。

　　　　힘들었던 나날　辛かった日々

形容詞では、「았/었」抜きで「던」だけを語幹につけることができますが、「힘들다」は「힘들던」とは言わず、必ず「힘들었던」とします。回想の意味が強く、今は辛くない、あるいは今はやっていないというニュアンスになります。

Lesson 23

動詞の未来形について、「〜するに値する、〜に適する」という意味になります。
名詞には直接つき、「〜くらいである」のように程度を表します。

할 만한 일	하는 값어치 하는 일
볼 만해요.	一見の価値があります。
머리통만한 수박	頭ほどのスイカ

Q1-3.
-ㄹ/을 만하다

２番目の用例は、口語でよく使う言い方です。「먹을 만해요」(食べる価値ありますよ)のようにいろいろな動詞が使え、ちょっとクールに褒める感じです。「만해요」の発音は、ㅎの弱音化が起こり、「마내요」となります。

ㅎの弱音化
→**Lesson7**

Lesson20でも勉強した「〜ㄹ까?」を含む、疑問・推量を表す口語表現「아닐까/아닌가/아니었나」の使い分けを確認します。

Q1-6-イ.
아닐까?
-ㄹ/을까요?
→**Lesson20**

내일 아닐까?	明日じゃないか？（未来）
이미 도착한 게 아닐까?	もう到着したんじゃないか？（推量）
이 버스 아닌가?	このバスじゃないか？（現在）
어제 아니었나?	昨日じゃなかった？（過去）

未来形の「아닐까?」には、推量のニュアンスがありますが、現在形の「아닌가?」、過去形の「아니었나?」は、記憶や事実を確認する疑問文となります。

「아닌가」を使った推量表現に、「아닌가 보다」と「아닌가 싶다」があります。どちらも主観的に推量するニュアンスで、確信度は高くありません。

| 그 사람이 아닌가 봐요. | その人じゃないみたいです。 |
| 오늘이 아닌가 싶어요. | 今日ではないかと思います。 |

Q2-1.
되다

되다には、さまざまな意味・用法があります。

【〜になる】〜가/이 되다
선생님이 되고 싶어요． 先生になりたいです。

【十分だ、構わない】
이제 됐어요． もう結構です。

【うまくいく】
잘됐네요． うまくいきましたね。

【できあがる】
다 된 것 같다． 全部完成したみたいです。

【〜から成る】〜(으)로 되다
나무로 된 집이에요． 木でできた家です。

【決められた時間になる】
시간이 다 됐어요． 時間になりました。

【〜にあたる】가/이 되다
제 은사가 되시는 분이에요． 私の恩師にあたる方です。

【〜になっていらっしゃる】
성함이 어떻게 되십니까？ お名前はなんとおっしゃいますか。

【〜(するよう)になる】-게 되다
그 가수를 좋아하게 되었다． その歌手を好きになった。

【〜すれば良い】-(으)면 되다
그냥 읽으면 돼요． ただ、読めば良いんです。

【〜ねばならない】-아/어야 되다
처음부터 시작해야 돼요． 最初から始めなくてはなりません。

되다の過去形は「되었다」が正式です。「됐다」という形を目にすることが多いですが、これは縮約形です。「되」と、「되어」が縮約された「돼」を混同する人が多いので、注意しましょう。発音は、どちらも全く同じで区別できません。

Lesson 23

【되-】 됩니다　되어서　될　된　되겠다　되고　되는
【돼-】 됐습니다　돼서　돼요　됐고　됐어요

「되」と「돼」、どちらを使うべきか迷ったら、보다に置き換えて、「보」を使うなら「되」、「봐」を使うなら「돼」と覚えると便利です。

「ㅂ니다」 につくのは……　봅니다　됩니다
「았습니다」につくのは……　봤습니다　됐습니다

こんな具合です。「봐았다」というのがあり得ない、というのは何となくわかりますよね。ですから、「돼었다」もあり得ないわけです。

「早い」と「速い」の使い分けは、日本と似ています。

Q2-2-a.
「早い」と「速い」

	形容詞	副詞
時間	이르다	일찍
速度	빠르다	빨리

일찍は、語尾に이をつけて「일찍이」とすることもあります。「빨리」は、「速い動作」の結果として、時間的に「早い」意味を表すこともあります。

약속 시간보다 빨리 왔네요.
約束の時間より早く来たね。
오늘은 학교에 일찍 가야 돼요.
今日は早く学校に行かなくっちゃ。
빨리 답장 주세요.
早く返事ちょうだいね。

「이제」は、「今」が基本ですが、さまざまなニュアンスを持っています。

Q2-2-b.
이제

意味	例文	訳文
たった今	이제 집에 도착했어요.	たった今家に到着しました。
すぐ、そろそろ	이제 출발해야지.	今すぐ出発しないと。
今となっては	이제 옛날 이야기다.	今となっては昔の話だ。
すでに、もう	이제 겨울이군.	もう冬だなあ。

同じ「今」でも、「지금」にはこのような幅広いニュアンスはありません。

Lesson 24　家で作るピビンパ

★POINT! ここがポイント!　接続詞

드디어 마지막입니다．最後ですから、ちょっとページ数も多めにとりました。接続詞を中心に練習してみます。文と文の接続がわかると、まとまった内容のものが読んだりしゃべったりできるようになります。中級の仕上げにふさわしい学習です。少し難しめの問題も用意しました。文法事項の総復習です。그럼 도전해 보세요．

聞き取りにチャレンジ

まずはCDの音声を聞いてみましょう

CD track 24

Q1　CDをよく聞いて、次の問いに答えなさい。　聞き取り問題

1. 本文の内容と一致するものを選びなさい。

a. 石鍋がなかったので、ピビンパは作らなかった。

b. ミョンアは、一流レストランと同じピビンパを作れる。

c. あり合わせで作れるのが家庭のピビンパだ。

d. 手間はかかるが、家庭でも作れるのがピビンパだ。

2. 本文の内容と一致するものを選びなさい。

a. 후쿠이 씨는 비빔밥을 만들어 본 적은 없다．

b. 돌솥이 없으면 비빔밥을 만들 수는 없다．

c. 비빔밥은 보통 일반 가정에서 만들지 않다．

d. 후쿠이 씨 집에는 돌솥이 있다．

3. 本文で語られた、ピビンパの起源を日本語で簡単に説明しなさい。

Lesson 24

下の文章を見ながらCDの音声を何度もくり返し聞いてみましょう

명   아 : 후쿠이 씨 집에서 (①   )?
후쿠이 : 비빔밥이요?   A , 우리 집에는 돌솥 냄비가 없어요.
명   아 : ア. 돌솥 비빔밥 말구요, 보통 집에서 쉽게 만들어 먹는 비빔밥 a. 해 줄게요.
후쿠이 : 식당에서 먹는 비빔밥하고 b. 뭐가 달라요?
명   아 : 가정에서 먹는 비빔밥은 더 간단한 거예요.   B
비빔밥은 イ. 원래 ウ. 밥하고 반찬하고 섞어서 비벼 エ. 먹는 데에서 (②   ).   C
반찬은 c. 뭐든지 괜찮아요.
후쿠이 : 그래요?   D   저도 만들 수 (③   )?
명   아 : オ. 그럼요. (④   ) 반찬을 넣어요. 그 다음에 カ. 고추장 한 숟가락하고 참기름을 한 숟가락 넣으면 돼요.
후쿠이 : (⑤   ), キ. 반찬은 뭐든지 되는 거네요?
명   아 : 네, 맞아요. ク. 그럼 간단하고 맛있는 비빔밥 만들러 빨리 가요.

Q2 次の問題に答えなさい。　　　　　基本問題

1. 本文の①〜⑤のカッコを埋めなさい。

① _____

② _____ ③ _____

④ _____ ⑤ _____

2. 下線部アの日本語訳として正しいものを選びなさい。

　a. 石焼きピビンパのことなんですよ
　b. 石焼きピビンパではなくてですね
　c. 石焼きピビンパのことだと思いますが
　d. 石焼きピビンパしかなくてですね

3. 下線部a.を、謙譲語に書き換えなさい。

_____

4. 下線部b・cは口語でよく使われる縮約形です。元のつづりを書きなさい。

　b. _____　c. _____

5. 下線部イ～オの単語を、CDの発音通りのつづりで書きなさい。

　イ. _____　ウ. _____　エ. _____　オ. _____

6. A～Dには、接続詞が入ります。適切な語を語群から選んで書きなさい。
　　ただし、ひとつだけ語群にないものがあるので、聞き取って書きなさい。

　A _____　B _____

　C _____　D _____

　[그렇다면　그래서　그리고　하지만]

7. 下線部カ～クを日本語に訳しなさい。

　カ. _____

　キ. _____

　ク. _____

Q3 接続詞に注意して、次の問いに答えなさい。　力だめし発展問題

1. 次の日本語の意味に当たる接続詞を、下の語群から選んで書きなさい。同じ言葉は1回ずつしか使いません。

① しかし _____　　② それでは _____

③ ところで _____　　④ だから _____

⑤ それでも _____　　⑥ なぜなら _____

⑦ そのうえ _____　　⑧ すなわち _____

〔 그래도　그러나　즉　왜냐하면　그러면　그래서　또한　그런데 〕

2. 次の各文を、語群にある副詞を1回ずつ使ってふたつの文に分けなさい。

例. 날씨가 좋아서 놀러 갔다
　　날씨가 좋다.　　　　　　　그래서 놀러 갔다.

a. 평소보다 늦게 출발했지만 지각은 하지 않았다.

_____　　_____

b. 바다가 보이고 산도 보였다.

_____　　_____

c. 감기에 걸려서 학교를 쉬었다.

_____　　_____

d. 이 과자는 작은데 비싸다.

_____　　_____

〔 그러나　그래서　그래도　그리고 〕

3. 次の日本語を、語群にある接続詞を1回ずつ使って韓国語に訳しなさい。

a. あの人は愛嬌があります。だから、学校で人気があります。[합니다体]

_____

b. けれども、彼はまだ子どもでした。[아이/합니다体]

_____

c. ところで、コーヒーにお砂糖を入れて差し上げましょうか？[해요体]

_____

d. それなら、私が行ってみなくてはなりませんね。[겠/해요体]

_____

(그렇지만　그렇다면　그래서　그런데)

Let's Read! タイムを計りながら本文を音読し、それぞれタイムを記入しなさい。(目標タイム：55秒)

1回目	2回目	3回目	4回目	5回目	6回目	7回目	8回目	9回目	10回目

日本語訳

ミョンア：フクイさんの家で一緒にピビンパを作って食べましょうか？
フ ク イ：ピビンパですか？　でも、うちの家には石釜がないんです。
ミョンア：石焼きピビンパではなくてですね、普通の家で簡単に作って食べるピビンパを作ってあげますよ。
フ ク イ：食堂で食べるピビンパと、何が違うんですか？
ミョンア：家庭で食べるピビンパは、もっと簡単なんですよ。というのも、ピビンパは元々ご飯とおかずを混ぜて食べることから始まったというんですよ。だから、おかずは何でもいいんです。
フ ク イ：そうなんですか？　それなら、私も作れそうですね？
ミョンア：もちろんです。ご飯に、おかずをのせます。その次に、コチュジャンひとさじと、ごま油をひとさじかければいいです。
フ ク イ：なるほど、おかずは何でもいいんですね。
ミョンア：ええ、そうです。じゃあ、簡単でおいしいピビンパを作りに、早く行きましょう。

答え合わせ Lesson 24

聞き取り問題

Q1
1. c 2. a
3. ご飯とおかずを混ぜて食べたことから始まった。

基本問題

Q2
1. ① 같이 비빔밥 만들어 먹을까요 ② 시작됐다고 하거든요 ③ 있겠네요 ④ 밥에다가
   ⑤ 그렇구나
2. b 3. 해 드릴게요
4. b. 무엇이 c. 무엇이든지
5. イ. 월래 ウ. 바파고 エ. 멍는 オ. 그럼뇨
6. A. 하지만 B. 왜냐하면 C. 그래서 D. 그렇다면
7. カ. コチュジャンひとさじと、ごま油をひとさじかければいいです。
   キ. おかずは何でもいいんですね。
   ク. じゃあ、簡単でおいしいピビンパを作りに、早く行きましょう。

力だめし発展問題

Q3
1. ① 그러나 ② 그러면 ③ 그런데 ④ 그래서
   ⑤ 그래도 ⑥ 왜냐하면 ⑦ 또한 ⑧ 즉
2. a. 평소보다 늦게 출발했다. / 그래도 지각은 하지 않았다.
   b. 바다가 보였다. / 그리고 산도 보였다.
   c. 감기에 걸렸다. / 그래서 학교를 쉬었다.
   d. 이 과자는 작다. / 그러나 비싸다.
3. a. 저 사람은 애교가 있습니다. 그래서 학교에서 인기가 있습니다.
   b. 그렇지만 그는 아직 아이였습니다.
   c. 그런데 커피에 설탕을 넣어 드릴까요?
   d. 그렇다면 제가 가봐야겠네요.

● 単語をおさらい

| 돌솥 | 石釜 | 보통 | 普通 | 가정 | 家庭 | 간단 | 簡単 |
| 반찬 | おかず | 섞다 | 混ぜる | 숟가락 | 匙 | 참기름 | ごま油 |

前田先生の解説　Lesson 24

> CDを聞きながら、本文をもう一度音読してみましょう。
>
> 명　아：후쿠이 씨 집에서 같이 비빔밥 만들어 먹을까요?
> 후쿠이：비빔밥이요? 하지만, 우리 집에는 돌솥 냄비가 없어요.
> 명　아：돌솥 비빔밥 말구요, 보통 집에서 쉽게 만들어 먹는 비빔밥 해 줄게요.
> 후쿠이：식당에서 먹는 비빔밥하고 뭐가 달라요?
> 명　아：가정에서 먹는 비빔밥은 더 간단한 거예요. 왜냐하면 비빔밥은 원래 밥하고 반찬하고 섞어서 비벼 먹는 데에서 시작됐다고 하거든요. 그래서 반찬은 뭐든지 괜찮아요.
> 후쿠이：그래요? 그렇다면 저도 만들 수 있겠네요?
> 명　아：그럼요. 밥에다가 반찬을 넣어요. 그 다음에 고추장 한 숟가락하고 참기름을 한 숟가락 넣으면 돼요.
> 후쿠이：그렇구나, 반찬은 뭐든지 되는 거네요?
> 명　아：네, 맞아요. 그럼 간단하고 맛있는 비빔밥 만들러 빨리 가요.
>
> 網かけの部分は、解説がある表現です。

　接続詞はそう多くありませんので、ここで取り上げているものはすぐに覚えられるでしょう。問題は韓国語の文を理解して論理的に展開・理解できるかどうかです。AとBがどのような関係なのか見抜けないとAとBを接続詞で結べません。韓国語で展開のある内容を理解し、発話する――接続詞の使いこなしは上級への出発点なのです。そう、みなさんは、出発点に立っています。

Q2-1-②
거든

「거든」は、「用言語幹＋거든（요）」の形で、主に次のふたつの意味で使われます。体言には指定詞語幹「이」がつきますが、語幹が母音で終わる場合は多くの場合省略されます。

① 【根拠】語幹＋거든（요）　～なんだよ、～するんだよ
　　a：어제 왜 안 왔어?　　　　昨日どうして来なかったの?
　　b：미안, 돈이 없었거든.　　　ごめん、お金がなかったんだ。
　　A：학교 안 가도 돼요?　　　学校行かなくくていいんですか?
　　B：저는 학생이 아니거든요.　私は学生じゃないんですよ。

② 【条件】語幹＋거든　～すれば、～であるなら、～たら
　　학생이거든 더 적극적으로.　　学生ならもっと積極的に。
　　다 하셨거든 빨리 가세요.　　全部なさったら、早く行ってください。

　②の用法は、命令文、勧誘文、意志文で用いられ、-건と縮約されます。

Lesson 24

助詞のひとつで、「〜に」、「〜のうえに」と、動作の及ぶ対象を示したり、累加を表します。最後の「가」を省略して、「에다」とすることもできます。

Q2-1-④
에다가

냄비에다가 물을 부었다.
鍋に水を注いだ。
갈비에다 삼겹살까지 먹었대.
カルビに加えてサムギョプサルまで食べたんだって。

「에다가」によく似た表現に、「- 다가」があります。これは、「〜する途中で」というように、動作の途中で他の後続の動作が発生することを表します。「- 다」と縮約することもできます。もう一度確認しましょう。

-다가
→Lesson16

하다 (가)　못해　していたが、途中でできなくなって

「말구요」は「말고요」(〜ではなくてですね) の口語体です。特に若者は文節末の「고」をよく「구」と発音します。「말다」の用法をまとめましょう。

Q2-2.
口語の「구」
말다

-지 말다	するのをやめる	가지 마.	行くな。
-고말고	もちろん〜とも	좋고말고.	もちろんいいとも。
-고 말다	〜してしまう	죽고 말았다.	死んでしまった。
体言 + 말고	〜ではなくて	그 사람 말고	その人じゃなくて

「体言+말고」(〜ではなくて) は、必ず文中で「말고」の形で用いられ、文末では、「〜가/이 아니다」を使います。

×그 사람 말아요.
○그 사람이 아니에요.　その人ではありません。

自分から何かを「してあげる」場合、「해 줄게요」(してあげます) ではちょっと押しつけがましい感じがします。「드리다」(差し上げる) を使って「해 드릴게요」(して差し上げる) とするのが丁寧で良いですね。韓国語では数少ない、謙譲語の表現です。なお、「-ㄹ게요」の発音は、ㄹのあとのㄱが濃音化して [께] となり、[-ㄹ께요] となります。

Q2-3.
드리다

「원래」は、「ウォンレ」ではなく「ウォルレ」と発音します。ㄴパッチムの直後にㄹが来たり、逆にㄹパッチムの直後にㄴが来ると、ㄴの音がㄹに変化し、[ㄹㄹ] と発音されます。これを、「流音化」と言います。ㄹを発音する二重パッチム (ㄾ / ㄼ / ㅀ) にㄴが続くときも [ㄹㄹ] と発音します。

Q2-5-イ.
流音化

Q2-5-オ.
ㄴ挿入

「그럼요」は、「もちろんです」という意味の決まり文句ですが、発音は「クロミョ」ではなく「クロムニョ」となります。本来は独立した二つの単語から成る複合語や、二つの単語間の助詞が省略されている場合などで、最初の語がパッチムで終わり、次の語が이/야/얘/여/예/요/유で始まる場合、二つの語の間にㄴの音が挿入されることがあります。これを「ㄴ挿入」と言います。

부산역　　[부산녁]
한국 요리　[한궁 뇨리]
　↑ㄱパッチムとㄴ化した요の間で鼻音化が起きています。

Q3-1.
接続詞

Lesson 3、5、12と、何度か勉強してきた接続詞。このドリルの締めくくりに、一歩踏み込んで、より多くの接続詞を勉強しましょう。

【順接】

그리고
→Lesson3

그래서
→Lesson5

그렇다면	그it

그렇다면　それなら
따라서　　したがって(文章的な表現。論文などで結論を導くときなど)
때문에　　それゆえ
그리고　　それから
그래서　　だから

그렇다면 더 재미있겠다.
それならなおさら面白そうだ。
태풍이 왔습니다. 따라서 오늘은 휴교입니다.
台風が来ました。したがって今日は休校です。
열심히 공부했습니다. 때문에 시험에 합격했습니다.
一生懸命勉強しました。だから試験に合格しました。

【逆接】

그러나
→Lesson3

하지만　　でも (後に続く文が好ましい内容の場合も使える)
그렇지만　しかしながら (続く文が好ましくない内容の場合が多い)
그래도　　それでも
그러나　　しかし

힘을 다했습니다. 하지만 시합에는 졌습니다.
全力を尽くしました。けれど試合に負けました。
맛있습니다. 그렇지만 건강에 좋지 않아요.
おいしいです。しかし健康によくないです。
머리가 아픕니다. 그래도 회의에 참석해야 합니다.
頭が痛いです。けれど会議に出席しなければなりません。

Lesson 24

【並列】
또	また	(또는で、「または」)
및	及び	(文章的な並列表現)
또한	なおかつ、そのうえ	
더군다나	そのうえ、しかも、さらに	(縮約形は더구나)

광화문 또는 종각역에서 내리세요.
光化門または鐘閣駅で降りてください。
보호자 및 임원의 동의가 필요합니다.
保護者および役員の同意が必要です。
품질이 나쁘고 더구나 값도 비싸다.
品質が悪い上に値段も高い。

【説明】
즉	すなわち	(文章的な表現)
왜냐하면	なぜなら	
다만	ただ、ただし	(縮約形は단)

왜냐하면
→Lesson3

인생 즉 공부　　　人生、すなわち勉強。
단 비가 오면 취소됩니다.　ただし雨が降れば中止になります。

【選択】
혹은	あるいは
아니면	でなければ

휴일은 영화를 보거나 혹은 독서를 하면서 지냅니다.
休日は映画を見たり、あるいは読書をして過ごします。

【転換】
그럼	では	
그러면	それでは	
그런데	ところで	(話を変える。口語では、縮約形の근데をよく使う)
하긴	そういえば、もっとも	(主に口語で使われる)

그럼
→Lesson3、
Lesson12
그러면
→Lesson3

그런데 그 이야기 어떻게 됐어요?
ところで例の話、どうなりました？
하긴 내가 걱정할 필요 없지요.
もっとも僕が心配する必要ないでしょう。

201

Q3-2-a.
遅い
速いと早い
→Lesson23

Lesson23では、「速い」と「早い」の違いを勉強しました。「遅い」も、「早い・速い」と同様、時間と速度で単語が異なります。

늦다 ： 밤 늦은 시간　　　夜遅い時間（時間）
더디다 ： 더디게 도착했다.　遅れて到着した。（時間・速度）
느리다 ： 동작이 느리다.　　動作がのろい。（速度）

더디다は、予想された速度・時間よりも遅いことを表します。

Q3-3-c.
入れる

넣다
→Lesson18

「入れる」にあたる単語は、Lesson18で勉強した「넣다」のほか、いくつか種類があります。最後にひとつずつ確認しましょう。

①넣다　中に入れる、しまう、預ける

은행 계좌에 돈을 넣었다.　銀行口座にお金を入れた。

②타다　混ぜて溶かす

설탕을 타서 커피를 마셨다.　砂糖を入れてコーヒーを飲んだ。

③박다　はめ込む、打ち込む、中身を入れる

귀에 못이 박힌다.　耳にたこができる。

④들이다　人や動物などを中に入らせる

그 개를 집 안에 들이지 마세요.　その犬を家に入れないでください。

前田先生の ユジャチャでひと息　上級へのスタート地点

자, 그러면 수업을 다 마치도록 하겠습니다. 축하해요~. 유자차 한 잔 타 드릴까요? 英語では、中学で習う内容だけでも、使いこなせれば日常生活に困らないと言われます。それは韓国語でも同じ。この本で習ったことを使いこなせるようになれば、どんな場面でも対応できます。みなさんがこれからすべきは、習熟するために、「さらに繰り返し声に出して読む」ことです。방심하면 안 됩니다（油断大敵です）。さぁ、上級へのスタートです。화이팅!!

PART2 文法・単語要覧

outline of grammar & word

繰り返し読み書きして覚える

基礎固め韓国語文法便覧

本書の各レッスンで解説した活用・文法事項のうち最も重要なものを、簡潔に整理しました。24のレッスンを勉強し終えたら、こちらのページで文法事項を復習しましょう。各項目には、レッスンで出てきたページを示してあります。空欄には自分で答を書き込んで、自信のないところは本文を参照してください。カラフルにマーカーなどでチェックして、何度も見直して、役立ててください。

01 ㄷ変則用言 Lesson 3 p.31   Lesson 10 p.85

語幹がㄷパッチムで終わる用言の一部はㄷ変則用言。直後に母音が来ると、パッチムの「ㄷ」が「ㄹ」に変わる。

걷다　歩く　걷 + 어요 → (¹　　　　)
　　　　　　↳ㄹ

깨닫다　悟る　깨닫 + 아요 → (²　　　　)
　　　　　　　↳ㄹ

듣다　聞く　듣 + 어요 → (³　　　　)
　　　　　　↳ㄹ

02 ㅂ変則用言 Lesson 1 p.15   Lesson 7 p.60

語幹がㅂパッチムで終わる用言の大部分は、ㅂ変則用言。語幹の直後に「-으」が来ると、パッチムの「ㅂ」が脱落し、「-으」が「-우」に、「-아/-어」が来るとパッチムの「ㅂ」が脱落して、「-아/-어」が「-와/-워」になる。陽母音語幹でも、곱다（美しい）、돕다（助ける）以外はほとんど「-워요」となる。

寒い　춥다　춥 + 어요 →　　추워요　　寒いです
　　　　　　↳脱落 + 으면 → (⁴　　　　) 寒ければ

楽しい　즐겁다　즐겁 + 어요 → (⁵　　　　) 楽しいです
　　　　　　脱落↲ + 으면 →　즐거우면　　楽しければ

助ける　돕다　돕 + 아요 → (⁶　　　　) 助けます
　　　　　　↳脱落 + 으면 → (⁷　　　　) 助ければ

---

1. 걸어요　**2.** 깨달아요　**3.** 들어요　**4.** 추우면　**5.** 즐거워요　**6.** 도와요　**7.** 도우면

03 ㅅ変則用言　Lesson 7　p.62

語幹がㅅパッチムで終わる用言の大部分は、ㅅ変則用言。語幹の直後に母音が来ると、パッチムの「ㅅ」が消える。一見母音語幹に変化したように見えるが、パッチムにつく「으」はそのまま残る。

つなぐ　잇다　잇　+ 어요　→　이어요
　　　　　　└→ㅅ脱落　+ 으면　→　이으면

	原形	해요体	仮定
治る	낫다	(8　　)	나으면
線を引く	긋다	그어요	(9　　)
注ぐ	붓다	(10　　)	부으면
つくる	짓다	지어요	(11　　)

04 ㅎ変則用言　Lesson 2　p.20

語幹がㅎパッチムで終わる形容詞は、「좋다」を除いて、ほとんどがㅎ変則。語幹の直後に母音が来ると、パッチムの「ㅎ」が脱落する。直後が「아/어」の場合は、語幹の最後の母音と「아/어」が合体して「ㅐ」に、語幹の最後の母音が「야」の場合は「ㅒ」になる。「노랗다」(黄色い)、「하얗다」(白い)のように、色を表す形容詞が多い。

(1) 語幹の直後に、「-아/-어」が来る場合

黄色い　노랗다　노랄 + 아요　→　노래요
　　　　　　　　└→ㅎ脱落

白い　하얗다　하얄 + 아요　→　(12　　　　)
　　　　　　　└→ㅎ脱落

(2) 語幹の直後に「-아/-어」以外が来る場合

そうだ　그렇다　그럴 + 은　→　그런　そんな
　　　　　　　└→ㅎ脱落

---

8. 나아요　**9.** 그으면　**10.** 부어요　**11.** 지으면　**12.** 하얘요

05 으変則用言 Lesson 3 p.29

語幹が、「ㅡ」で終わっている用言の多くは、으変則用言。語幹の直後に「-아/어」が来ると、語幹の最後の「ㅡ」が脱落し、残った子音と「-아/어」がくっつく。「아」と「어」のどちらがつくかは、「ㅡ」のひとつ前の母音が陽母音か陰母音かによって決まる。語幹が1文字のものは、無条件で「-어」になる。

```
                              ┌─ㅡ脱落
(お腹が) 空いている   고프다    고프 + 아요  →   고파요
                        ↑ひとつ前の母音が陽母音
使う／書く              쓰다    쓰 + 어요 → ( 13           )
                              └─ㅡ脱落
```

06 르変則用言 Lesson 11 p.95
Lesson 19 p.157

語幹が「르」で終わる用言の大部分は、르変則用言。語幹の直後に「-아/-어」が来た場合、「르」の直前の母音が陽母音であれば「르」が「-ㄹ라」に、陰母音であれば「-ㄹ러」に変化する。「아」と「어」のどちらがつくかは、「ㅡ」のひとつ前の母音が陽母音か陰母音かによって決まる。

```
                       ┌─ㄹ라◄─
知らない    모르다    모르 + 아요       몰라요
速い        빠르다    빠르 + 아요 ( 14         )

                       ┌─ㄹ러◄─
押す        누르다    누르 + 어요 ( 15         )
下手だ      서투르다  서투르 + 어요 ( 16       )
```

07 러変則用言 Lesson 19 p.157

「푸르다」(青い)、「노르다」(黄色い)、「누르다」(黄色い)、「이르다」(至る) の四語のみに適用される変則活用。「아/어」で始まる語尾がつく場合に、「아/어」が「러」に変化する。

```
                        러◄─
青い      푸르다   푸르 + 어요  →    푸르러요
黄色い    노르다   노르 + 아요  →  ( 17        )
至る      이르다   이르 + 어요  →  ( 18        )
```

---

13. 써요 **14.** 빨라요 **15.** 눌러요 **16.** 서툴러요 **17.** 노르러요 **18.** 이르러요

08 鼻音化

Lesson 2　p.21
Lesson 6　p.54
Lesson 12　p.100
Lesson 14　p.117

(1) 「ㄱ」「ㄷ」「ㅂ」で発音するパッチムの後に「ㄴ,ㅁ」が続いた場合、パッチムは鼻音化し、それぞれ[ㅇ][ㄴ][ㅁ]の音になる。

実際の発音

ㄱ[k] → ㅇ[ŋ]　食べる〜　먹는 → [　　멍는　　]
ㄷ[t] → ㄴ[n]　閉める〜　닫는 → [[19]　　　　]
ㅂ[p] → ㅁ[m]　雑念　잡념 → [[20]　　　　]

(2) 「ㅁ,ㅇ」パッチムの直後に「ㄹ」が続くと、「ㄹ」は[ㄴ]の音になる。

実際の発音

ㄹ[l] → ㄴ[n]　心理　심리 → [　　심니　　]

(3) 「ㅂ,ㄱ」パッチムの直後に「ㄹ」が続いた場合、パッチムは鼻音化してそれぞれ[ㅁ]、[ㅇ]の音になり、同時に「ㄹ」も鼻音化して[ㄴ]の音になる。

実際の発音

ㅂ[p]+ㄹ[l] → ㅁ[m]+ㄴ[n]　入力　입력 → [　　임녁　　]
ㄱ[k]+ㄹ[l] → ㅇ[ŋ]+ㄴ[n]　激励　격려 → [[21]　　　　]

09 流音化

Lesson 24　p.199

語中で、ㄴパッチムの直後にㄹが来たり、逆にㄹパッチムの直後にㄴが来ると、ㄴの音がㄹに変化し、[ㄹㄹ]と発音される。ㄹを発音する二重パッチム(ㄼ/ㄾ/ㅀ)にㄴが続くときも発生する。

ㄴ[n]+ㄹ[l] → ㄹ[l]+ㄹ[l]　新羅　신라 → [　　실라　　]
ㄹ[l]+ㄴ[n] → ㄹ[l]+ㄹ[l]　正月　설날 → [[22]　　　　]

---

19. 단는　**20.** 잠념　**21.** 경녀　**22.** 설랄

10 激音化 Lesson 7 p.62

激音化には、次のふたつの法則がある。

(1) [ㄱ][ㄷ][ㅂ][ㅈ]で発音するパッチムの後に「ㅎ」が続くと、パッチムが「ㅎ」と結合し、それぞれ激音[ㅋ]、[ㅌ]、[ㅍ]、[ㅊ]として発音される。また、ㅅパッチムは、[ㅌ]として発音される。

頼む	부탁하다	→	[부타카다]
明らかにする	밝히다	→	[²³]
協会	협회	→	[혀푀]
忘れられる	잊히다	→	[²⁴]
できない	못하다	→	[²⁵]

(2) 「ㅎ」パッチムの後に子音の「ㄱ、ㄷ、ㅈ」が続くと、子音がㅎパッチムと結合し、激音[ㅋ]、[ㅌ]、[ㅊ]として発音される。

良くて	좋고	→	[조코]
良い	좋다	→	[²⁶]
良いでしょう	좋지	→	[²⁷]

11 ㄴ挿入 Lesson 24 p.200

本来は独立した二つの単語から成る複合語や、二つの単語間の助詞が省略されている場合などで、最初の語がパッチムで終わり、次の語が母音「이、야、얘、여、예、요、유」で始まる場合、二つの語の間にㄴの音が挿入されることがある。また、鼻音化などと共に発生する場合もある。

もちろんです	그럼요	→	[그럼뇨]
釜山駅	부산역	→	[²⁸]
韓国料理	한국 요리	→	[²⁹] ※鼻音化に注意

---

23. 발키다　**24.** 이치다　**25.** 모타다　**26.** 조타　**27.** 조치　**28.** 부산녁　**29.** 한궁 노리

12 濃音化   Lesson 2 p.21 / Lesson 11 p.94

「ㄱ」「ㄷ」「ㅂ」で発音するパッチムの後に平音の「ㄱ、ㄷ、ㅂ、ㅅ、ㅈ」が続くと、平音はそれぞれ濃音[ㄲ]、[ㄸ]、[ㅃ]、[ㅆ]、[ㅉ]で発音される。

下宿　하숙집　→　[　하숙찝　]
食堂　식당　→　[³⁰　　　]
学生　학생　→　[³¹　　　]

「-성」(〜性)、「-과」(〜科) など、名詞の後ろについて複合語をつくる接尾辞は、濃音化することが多い。ただし、濃音化しないものもあるので注意が必要。『朝鮮語辞典』(小学館) には発音が表記されている。

性	優秀性	우수성 → [　　우수썽　　]
	計画性	계획성 → [³²　　　　]
的	私的	사적 → [³³　　　　]
科・課・果	内科	내과 → [³⁴　　　　]
	成果	성과 → [³⁵　　　　]

濃音化することが多い接尾辞には、その他「가」(価)、「건」(件)、「격」(格)、「권」(権・圏・券)、「법」(法)、「병」(病)、「점」(点) などがある。

13 口蓋音化   Lesson 1 p.12

パッチム「ㄷ、ㅌ」に「이」または「히」が続いた場合、「ㄷ」は[ㅈ]、「ㅌ」は[ㅊ]の音に変化する。

敢えて　굳이　→　[³⁶　　　]
一緒に　같이　→　　가치

---

30. 식땅　**31.** 학쌩　**32.** 계획썽　**33.** 사쩍　**34.** 내꽈　**35.** 성꽈　**36.** 구지

14 二重パッチム Lesson 7 p.61
Lesson 9 p.78

二重パッチムは、どちらか一方を発音するのが原則で、5つの音に集約される。

発音する音	二重パッチム	単語例
ㄱ [k]	ㄳ, ㄺ	넋 (魂) 늙다 (老いる)
ㅂ [p]	ㅄ, ㄿ, ㄼ (밟다のみ)	없다 (ない) 읊다 (詠む) 밟다 (踏む)
ㄹ [l]	ㄼ, ㄽ, ㄾ, ㅀ	넓다 (広い) 곬 (道筋) 훑다 (しごく) 옳다 (正しい)
ㄴ [n]	ㄵ, ㄶ	앉다 (座る) 많다 (多い)
ㅁ [m]	ㄻ	젊다 (若い)

二重パッチムの後ろに母音が続くと、右側のパッチムと母音が結びついて、両方を発音する。「ㄺ」は、後ろに「ㄱ」が続いた場合も両方を発音し、濃音化する。

```
つづり              発音
맑은     말ㄱ은   [  말근    ]
읽어     일ㄱ어   [37        ]
읽고     일ㄱㄱㅗ [38       ]
```

15 ㅎの弱音化 Lesson 7 p.61

子音「ㅎ」は、音が弱くなったり、消えることが多い。とくに語中の「ㅎ」は、ほとんど消えることが多いので注意。

```
電話      전화  → [   저놔   ]
漫画      만화  → [39        ]
多くの    많은  → [   마는   ]
たくさん  많이  → [40        ]
```

「많은」「많이」は、少し長めに「マーヌン」、「マーニ」と発音する。完全に1拍分伸ばすのではなく、少し長めに発音する。最近のソウル方言では、長音短音の発音区別が曖昧になってきているが、これははっきりと長めに発音する。

---

37. 일거 **38.** 일꼬 **39.** 마놔 **40.** 마니

16 用言の活用　Lesson 1　p.13

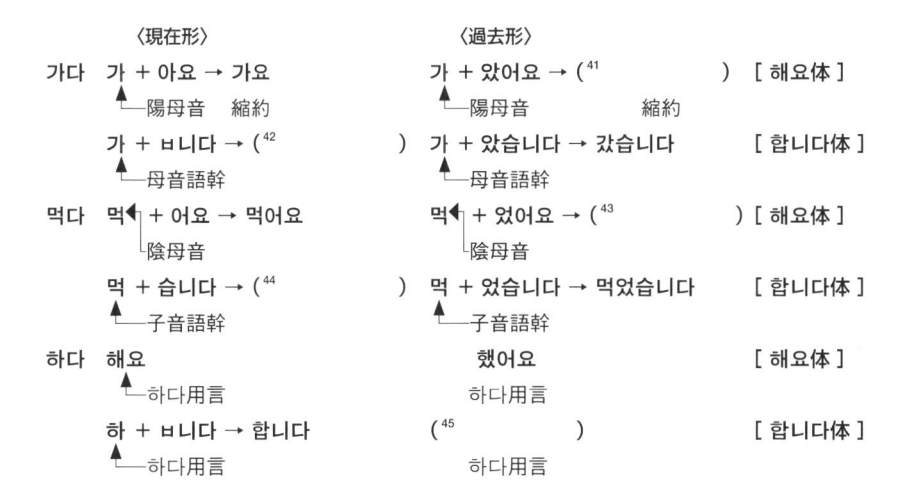

〈現在形〉　　　　　　　　　　　〈過去形〉

가다　가 + 아요 → 가요　　　　가 + 았어요 → (^{41}　　　) [해요体]
　　　└─陽母音　縮約　　　　　└─陽母音　　　　縮約

　　　가 + ㅂ니다 → (^{42}　　　)　　가 + 았습니다 → 갔습니다　[합니다体]
　　　└─母音語幹　　　　　　　　└─母音語幹

먹다　먹 + 어요 → 먹어요　　　　먹 + 었어요 → (^{43}　　　) [해요体]
　　　└─陰母音　　　　　　　　└─陰母音

　　　먹 + 습니다 → (^{44}　　)　　먹 + 었습니다 → 먹었습니다　[합니다体]
　　　└─子音語幹　　　　　　　　└─子音語幹

하다　해요　　　　　　　　　　했어요　　　　　　　　　[해요体]
　　　└─하다用言　　　　　　　└─하다用言

　　　하 + ㅂ니다 → 합니다　　　(^{45}　　　　)　　　　　[합니다体]
　　　└─하다用言　　　　　　　　하다用言

過去を強調する時は、過去の「ㅆ」を重ねる。

　　했어요　→　했었어요

17 下称体　Lesson 8　p.70

新聞や書籍などで用いられる「だ・である」調の言い回しが下称体。原形を基本とするが、動詞の現在形は語幹と「다」の間に「ㄴ/는」を挿入する。

名詞　　　　　：이것은 김치다.　　　　　　これはキムチだ。
　　　　　　　　　　　　　↑母音で終わる名詞につくときは指定詞語幹이は通常縮約される
名詞　　　　　：김치는 한국음식 (^{46}　　).　キムチは韓国の食べ物だ。
形容詞　　　　：김치는 맵다.　　　　　　　キムチは辛い。
動詞 (母音語幹)：김치를 먹으러 간다.　　　　キムチを食べに行く。
動詞 (子音語幹)：김치를 (^{47}　　　　　).　キムチを食べる。
動詞 (過去形)　：김치를 먹으러 (^{48}　　　).　キムチを食べに来た。

---

41. 갔어요　**42.** 갑니다　**43.** 먹었어요　**44.** 먹습니다　**45.** 했습니다　**46.** 이다　**47.** 먹는다
48. 왔다

18 推 量

Lesson 1　p.13
Lesson 19　p.158、p.159

表現	例文	ニュアンス・意味	確信度
-겠-	비가 오겠다.	（まず間違いなく） 雨が降るだろう。	90%
-ㄹ 것이다	비가 (⁴⁹　　　) 다.	（より漠然とした印象から） 雨が降るだろう。	80%
-ㄹ 것 같다	비가 (⁵⁰　　　) 다.	（主観的な推測） 雨が降るようだ。	70%
-나 보다/-는가 보다 /-ㄴ가 보다	비가 오나 봐요.	（空を見て推測） 雨が降りそうです。	60%
-ㄹ까 봐	비가 (⁵¹　　　) 우산을 샀다.	（心配、懸念） 雨が降ると思って傘を買った。	50%
-ㄹ지도 모르다	비가 (⁵²　　　) 요.	（可能性を示す） 雨が降るかもしれない。	20%

19 使役・受身

Lesson 13　p.108
Lesson 16　p.133

使役と受身は、主として能動態に「이，히，리，기」を挿入して作る。하다動詞は、「〜되다」または「〜(를/을) 받다」を用いるケースが多い。

〈이〉　보다　見る　→　　　보이다　　見える
〈히〉　앉다　座る　→　(⁵³　　　)　座らせる
〈리〉　알다　知る　→　(⁵⁴　　　)　知られる、知らせる
〈기〉　웃다　笑う　→　(⁵⁵　　　)　笑わせる
〈우〉　타다　焼く　→　(⁵⁶　　　)　焼かれる

〈〜되다〉
　체포하다　逮捕する　→　(⁵⁷　　　　　)　逮捕される
〈〜(를/을)받다〉
　사랑하다　愛する　→　(⁵⁸　　　　　)　愛される
〈動詞語幹＋게 하다/만들다〉
　이해하다　理解する　→　이해하(⁵⁹　　　)　理解させる
〈하다→시키다〉
　중지하다　中止する　→　중지(⁶⁰　　　　)　中止させる

---

49. 올 것이　**50.** 올 것 같　**51.** 올까 봐　**52.** 올지도 몰라　**53.** 앉히다　**54.** 알리다　**55.** 웃기다
56. 태우다　**57.** 체포되다　**58.** 사랑받다　**59.** 게 하다　**60.** 시키다

20 原因・理由

Lesson 9　p.76
Lesson 10　p.87
Lesson 15　p.124
Lesson 22　p.180

(1) -아/어서、(이) 라서〈理由・前提条件〉

用言の語幹について、原因・理由や後続の文章の前提条件を客観的に言い表す。陽母音語幹には「-아서」、陰母音語幹には「-어서」が接続し、勧誘・命令文以外なら広く使える。하다用言は「-해서」、名詞には「〜 (이) 라서」の形を取る。

좀 (61　　　　　) 못 샀어요.　　ちょっと高くて買えませんでした。
식당에 (62　　　　) 밥을 먹었다.　食堂に行ってご飯を食べた。
선생님이 아니라서 설명하지 못해요.　先生じゃないので、説明できません。

(2) -(으)니까〈原因・理由〉

話者の主観が入り「自分はこう思うので」というニュアンス。後ろには、命令、勧誘、願望、確信などを表す表現が続き、逆に単純な前提条件を示すときには使えない。子音語幹につく時は、「으」を挟んで「-으니까」となる。

다시 (63　　　　　) 걱정 마세요.　また作りますから、心配しないでください。

(3) 때문에〈原因・理由〉

「-기 때문에」の形で用言の語幹について、「〜するので、〜であるせいで」。名詞には直接「〜때문에」の形をついて「〜のせいで、〜のために」となる。似たような文章でも、意味が変わってくるので注意。

학생이기 (64　　　　) 못 해요.　学生なので、できません。
학생 (65　　　　　) 못 해요.　学生のせいで、できません。

21 伝聞・引用表現

Lesson 8　p.69
Lesson 18　p.149
Lesson 19　p.157

(1) 名詞・体言：名詞＋指定詞語幹이＋라고 하다

일본 사람 (66　　　　) 했어요.　日本人だそうですよ。

---

61. 비싸서　**62.** 가서　**63.** 만드니까　**64.** 때문에　**65.** 때문에　**66.** 이라고

(2) 形容詞・存在詞（있다/없다）：語幹＋다고 하다

언니를 예쁘（⁶⁷　　　　）요.　お姉ちゃんのこときれいだって言ってたわよ.
젊었을 때는 예뻤（⁶⁸　　　　）요.　若かった頃はきれいだったそうですよ.

(3) 動詞現在形（母音・ㄹ語幹）：語幹＋ㄴ다고 하다

오늘 서울에（⁶⁹　　　　）했어요.　今日ソウルに来ると言っていました.

(4) 動詞現在形（子音語幹）：語幹＋는다고 하다

매일 김치를（⁷⁰　　　　）해요.　毎日キムチを食べるそうです.

(5) 動詞過去形：語幹＋았/었다고 하다

어제 백화점에서 샀다고 했어요.　昨日デパートで買ったそうですよ.
도서관에서（⁷¹　　　　）했어요.　図書館で読んだそうですよ.

直接話法は、「"相手の話"＋라고 하다」。라고を省略して、相手の言葉に直接「하다」をつけることもある。

그 사람은 "일본에서 왔어요"（⁷²　　　　）했어요.
その人は「日本から来ました」と言いました.

22　連体形　Lesson 8　p.68　　Lesson 17　p.141
Lesson 11　p.92

名詞を修飾する用言の連体形は、用言の語幹に「는」などの連体形語尾を接続して作るが、時制、品詞によって作り方が異なる。

動詞／現在連体形　「～する…」
母音語幹　오다　＋　는　→　　오는 길　　来る道
子音語幹　먹다　＋　는　→　（⁷³　　　　）食べる物
ㄹ語幹　　살다　＋　는　→　（⁷⁴　　　　）住む所

---

67. 다고 했어　**68.** 다고 했어　**69.** 온다고　**70.** 먹는다고　**71.** 읽었다고　**72.** 라고　**73.** 먹는 것
74. 사는 곳

動詞／過去連体形 「〜した…」
母音語幹　오다　＋　ㄴ　→　(75　　　　　)　来た道
子音語幹　먹다　＋　은　→　　먹은 것　　食べた物
ㄹ語幹　　만들다　＋　ㄴ　→　(76　　　　　)　作った物

動詞／未来連体形 「〜する…」
母音語幹　오다　＋　ㄹ　→　(77　　　　　)　来る時
子音語幹　먹다　＋　을　→　　먹을 때　　食べる時
ㄹ語幹　　살다　＋　ㄹ　→　(78　　　　　)　住む時

形容詞／現在連体形 「〜な…」／「〜い…」
母音語幹　크다　＋　ㄴ　→　(79　　　　　)　大きな家
子音語幹　작다　＋　은　→　(80　　　　　)　小さな家
ㄹ語幹　　길다　＋　ㄴ　→　　긴 시간　　長い時間

形容詞／過去連体形 「〜だった…」
가다　＋　던　→　(81　　　　　)／갔던 날　　行った日
바쁘다　＋　던　→　바쁘던 날／(82　　　　　)　忙しかった日
있다　＋　던　→　(83　　　　　)／있었던 동네　（昔）いた街

　形容詞の過去連体形は、回想語尾「던」を用い、過去を回想する意味となる。語幹の種類に関わらず、原形に「던」をつけるが、過去形につけると、回想する意味が強調される。なお、形容詞では未来連体形は原則として使わない。指定詞も、形容詞に準ずる活用をする。

指定詞／現在連体形 「〜である…」
이다　＋　ㄴ　→　회사원 (84　　　　　)　야마다 씨　会社員である山田氏

指定詞／過去連体形 「〜であった…」
이다　＋　었던　→　무료 (85　　　　　)　서비스　無料だったサービス

---

75. 온 길　**76.** 만든 것　**77.** 올 때　**78.** 살 때　**79.** 큰 집　**80.** 작은 집　**81.** 가던 날　**82.** 바빴던 날
83. 있던 동네　**84.** 인　**85.** 였던

23 進行形・状態　Lesson 5 p.47　Lesson 11 p.92

(1) -고 있다　　（動作の進行）
(2) -아/어 있다　（ある動作が完了した状態の継続）

학교에 오고 있다．　学校に来つつある。
학교에 와 있다．　　学校に到着している。

状態の継続でも、習慣的、普遍的に継続して行われる動作は「-고 있다」を使う。

학교에서 국어를 (⁸⁶　　　　　　)．学校で国語を教えている

24 尊敬　Lesson 9 p.79　Lesson 24 p.199
　　　　　Lesson 20 p.164、p.166

用言の語幹末に「시」をつけるのが基本。해요体の場合は「아/어」に代えて「세」をつける。

봅니다　見ます　→　보 + 시 + ㅂ니다 (⁸⁷　　　) ご覧になります
봐요　　見ます　→　보 + 아요　　(⁸⁸　　　) ご覧になります
　　　　　　　　　　　　↑세

ㄹ語幹ではㄹが脱落し、子音語幹では으が挿入され「으시」「으세」となる。

	下称体	합니다体	해요体
알다　知る	아시다	(⁸⁹　　　)	아세요
읽다　読む	(⁹⁰　　　)	읽으십니다	(⁹¹　　　)

独自の単語を用いる尊敬語

있다 → (⁹²　　) いらっしゃる	없다 → 안 계시다	いらっしゃらない
이름 →　성함　お名前	밥　→ 진지	お食事
말　 →　말씀　お言葉	나이 → (⁹³　　)	お歳
사람 → (⁹⁴　) 方	주다 → (⁹⁵　　)	差し上げる
먹다/마시다 → (⁹⁶　　), 잡수시다　召し上がる		

---

86. 가르치고 있다　87. 보십니다　88. 보세요　89. 아십니다　90. 읽으시다　91. 읽으세요
92. 계시다　93. 연세　94. 분　95. 드리다　96. 드시다

尊敬語の進行形

進行形「-고 있다」(～している)を尊敬表現にする場合は、必ず後ろの「있다」を「계시다」にする。先行する動詞語幹のみを尊敬表現にすることはできない。

지금 일하 (⁹⁷　　　　)요? 今お仕事をなさっていますか?

25 命令・依頼　Lesson 22　p.182

(1) -(으)십시오　なさってください (お客や目上の人に)
店員がお客に対して、あるいはかなり目上の人に対して使う。相手の手間を煩わす場合は、「-(으)시지 않겠습니까」を使うとよい。

이쪽으로 오 (⁹⁸　　　)오.
こちらへおいでください。
실례지만 이쪽으로 와 주 (⁹⁹　　　　　　)까?
恐れ入りますがこちらへ来ていただけませんでしょうか。

(2) -(으)세요　してください
最も一般的な、敬語による依頼表現。挨拶にもよく使われる。

여기에 (¹⁰⁰　　　　). ここにお座りください。

(3) -(아/어)요　してよ、しなさいよ
해요体の平叙文と同じだが、命令・依頼の意味では、ややぞんざいなニュアンス。

열심히 (¹⁰¹　　　　). 一生懸命勉強しなよ。

(4) -게　したまえ
壮年以上の人が、年下、弟子など立場が下の人に対して使う。威厳を伴うニュアンス。

학교에 (¹⁰²　　　　). 学校に行きたまえ。

(5) -(아/어)(해など)　しなさい
해요体平叙文から、語尾の「요」を除いた、パンマルによる命令・依頼表現。

똑바로 해. ちゃんとしなさい。

97.고 계세　**98.**십시　**99.**시지 않겠습니　**100.**앉으세요　**101.**공부해요　**102.**가게

(6) -(아/어)라　しろ
怒りを交えて、命令するニュアンス。

니가 해라.　お前がやれ。

(7) -지 마세요/지 마요/지 마　～しないでください、するな
「-지 말다」を使った、禁止表現。

사진을 찍 (¹⁰³　　　).　写真を撮らないでください。
걱정하지 마.　　　　心配するな。

26　否　定　　Lesson 1　p.13　　Lesson 6　p.53
　　　　　　　　　Lesson 3　p.30

(1) -지 않다　(文章語的・客観的)

햄버거는 먹 (¹⁰⁴　　　)습니다.　ハンバーガーは食べません。

「지」の後に助詞「도」を置くと、「울지도 않았다」(泣きもしなかった) と、否定を強調する。

(2) 안 -　(口語的・意志的)

번데기는 (¹⁰⁵　　　) 먹어요.　ポンテギは食べません。

하다用言で안否定を用いる場合は、「공부 안 해요」のように、하다の直前に안を挿入する。

---

103. 지 마세요　**104.** 지 않　**105.** 안

27 可能・不可能

Lesson 4　p.39
Lesson 14　p.116
Lesson 15　p.127
Lesson 21　p.174

(1) -ㄹ 수 있다/없다

最も一般的な「できる」「できない」。-ㄹ 수 없다は、能力はあるのに事情によりできないニュアンス。

한국말을 할 (¹⁰⁶　　　)요. 　韓国語を話せます。
받 (¹⁰⁷　　　)었어요. 　受け取れませんでした。

(2) -ㄹ 줄 알다/모르다

「技術や経験を持っている/持っていない」という意味。

운전할 (¹⁰⁸　　　)요. 　運転できます。
읽 (¹⁰⁹　　　)요. 　読めません。

なお、「-ㄹ/ㄴ 줄 알다/모르다」には、「~と思う/思わない」の意味もある。

오늘은 생일인 줄 알았어요.　今日は誕生日だと思いました。

(3) 못 -/-지 못하다

不可能のみの表現で、意思はあるものの、能力が不足してできないという意味。「못-」は主に話し言葉で用いる。

매운 음식은 (¹¹⁰　　) 먹어요. 　辛い食べ物は食べられません。
너무 빨라서 쓰 (¹¹¹　　　)요. 　速すぎて書けませんでした。

「-지 못하다」は形容詞の否定にも使われ、「-지 않다」に比べ、好ましくないニュアンスになる。

좋지 않다	良くない	좋 (¹¹²　　　)	残念ながら良くない
깨끗하 (¹¹³　　)	きれいでない	깨끗하지 못하다	残念なことにきれいでない

---

106. 수 있어　**107.** 을 수 없　**108.** 줄 알아　**109.** 을 줄 몰라　**110.** 못　**111.** 지 못했어
112. 지 못하다　**113.** 지 않다

28 義務・必須

Lesson 2　p.22
Lesson 11　p.95
Lesson 15　p.126

-아/어야 하다/되다/겠다　～しなければならない

서류는 직접 (¹¹⁴　　) 합니다.	書類は直接受け取らなくてはなりません。
신발을 (¹¹⁵　　) 돼요.	履き物を脱がなくてはなりません。
학교에 가 (¹¹⁶　　) 겠어요.	学校に行かなくてはなりません。

「-아/어야겠다」は分かち書きしないので注意。

「-아/어야」は後続の文に対する必須条件を表す。

열심히 공부 (¹¹⁷　　) 합격할 수 있다.
一生懸命勉強してこそ合格できる (勉強しないと合格できない)。

よく似た表現に「-(으)면」があり、こちらは「～すれば (…する)」の意味。

열심히 공부하 (¹¹⁸　　) 합격할거예요.
一生懸命勉強すれば、合格するでしょう。

29 願望

Lesson 1　p.14
Lesson 14　p.116

動詞語幹 + 고 싶다　～したい

時制は、싶다を活用させることに注意。なお、文例中「～になる」は、「～가 되다」となる。

변호사가 (¹¹⁹　　) 요.	弁護士になりたいです。
닭갈비를 (¹²⁰　　) 요.	鶏カルビを食べたかったです。

「보고 싶다」は、直訳すると「見たい」となるが、「会いたい」の意もあり、特に、家族や恋人に会いたいと強く願うときによく用いる。「만나다」は、どちらかというと事務的なイメージ。

지금 곧 (¹²¹　　) 요.	今すぐ会いたいです。
회의하기 전에 한번 만나고 싶은데요.	会議の前に一度会いたいんですが。

---

114. 받아야　**115.** 벗어야　**116.** 야　**117.** 해야　**118.** 면　**119.** 되고 싶어
120. 먹고 싶었어　**121.** 보고 싶어

30 勧誘

Lesson 3　p.30
Lesson 9　p.77
Lesson 18　p.151

(1) -ㅂ시다/읍시다　～しましょう

一般的な勧誘表現。합니다体と해요体の区別がない。

가다　行く　→　(¹²²　　　)　行きましょう
먹다　食べる　→　(¹²³　　　)　食べましょう

(2) -자　～しよう

パンマルの勧誘表現。子音語幹、母音語幹の区別はない。

하다　する　→　(¹²⁴　　　)　しよう

(3) -ㄹ까요　～しますか

行動を提案する表現。「(自分が)しましょうか」という自発の意味もある。

(4) -ㄹ래요　～しますか

主として相手の意向を尋ねる表現。

같이 (¹²⁵　　　)?　一緒に行きますか？（自発的に提案している）
같이 (¹²⁶　　　)?　一緒に行きますか？（相手の意向を尋ねている）

目上の人を誘う時は、婉曲表現を用いる。

하시면 어떻습니까？　～されてはいかがですか。

31 意志

Lesson 2　p.23
Lesson 5　p.45
Lesson 14　p.118

(1) -(으)려고 하다　～しようと思う（意志）

가다　行く　→　가 (¹²⁷　　　)다.　行こうと思います。
먹다　食べる　→　먹 (¹²⁸　　　)다.　食べようと思います。

---

122. 갑시다　**123.** 먹읍시다　**124.** 하자　**125.** 갈까요　**126.** 갈래요　**127.** 려고 합니
128. 으려고 합니

(2) -ㄹ까 하다　～しようかと思う（弱い意志）

　가다　行く　→　(¹²⁹　　　　)다．　行こうかと思った。
　먹다　食べる　→　(¹³⁰　　　　)다．　食べようかと思った。

(3) -기로 하다　～することにする（決断）

　가다　行く　→　(¹³¹　　　　)다．　行くことにした。
　먹다　食べる　→　(¹³²　　　　)다．　食べることにした。

(4) -ㄹ게요　～しますね（自発）
ややくだけた言い回し。より改まった言い方は「-겠습니다」。

　가다　行く　→　(¹³³　　　　)．　行きますね。
　먹다　食べる　→　(¹³⁴　　　　)．　食べますね。

32　試行

Lesson 13　p.110
Lesson 17　p.142

動詞語幹 + 아/어 보다　～してみる

「보다」は、試行の意味を作る補助動詞で、日本語の「(試しに)～してみる」と全く同じ意味。

　찜질방에 (¹³⁵　　　　)요?　チムジルバンに行ってみましたか。
　채팅해 본 적이 있어요?　　チャットをしたことがありますか。

動詞語幹 + 다 (가) 보면　～してみれば

「-다가」は、動作の途中でそれを中断するニュアンスを表す。
「動詞語幹 + 다 (가) 보면」は、「ある動作を試行している途中で」、という意味。

　거리를 (¹³⁶　　　　)　道を歩いてみると

---

129. 갈까 했　**130.** 먹을까 했　**131.** 가기로 했　**132.** 먹기로 했　**133.** 갈게요　**134.** 먹을게요
135. 가 봤어　**136.** 걷다 보면

33 時刻の表現 Lesson 3 p.28 / Lesson 5 p.44

固有数詞 시 ＋ 漢数詞 분
　　　　時　　　　　　分

여섯　시　십팔　분　6時18分
(^{137}　　)시　(^{138}　　)분　12時23分

時刻の助数詞と数詞は、ハングルは分かち書きをし、数字は続けて書く。固有数詞の１〜４と20は、助数詞の前では語尾のㅅ・ㄹが落ちて形が変化するので注意。

1	2	3	4	20
하나	둘	셋	넷	스물
↓	↓	↓	↓	↓
한	(^{139}　)	세	(^{140}　)	(^{141}　)

1時＝한 시，2時＝(^{142}　　　)，3時＝세 시，4時＝(^{143}　　　)，

時間帯に関する単語

(^{144}　)夜明け	아침	朝	낮	昼		
저녁	夕方	밤	夜	(^{145}　)真夜中	심야	深夜
오전	午前	정오	正午	오후	午後	(^{146}　)深夜0時

34 疑問表現 Lesson 4 p.36

疑問詞　　　　　　　　　　　　　　例文
어떤　どんな　　(^{147}　) 음식을 좋아해요？　どんな食べ物が好きですか？
어떻게　どのように　(^{148}　) 하면 돼요？　どのようにすれば良いですか？
무엇　何　　　　　(^{149}　) 이 있어요？　何がありますか？
　　　　　　　　　(^{150}　) 가 있어요？＊

＊口語では、「뭐」と縮約されることが多い

---

137. 열두　**138.** 이십삼　**139.** 두　**140.** 네　**141.** 스무　**142.** 두 시　**143.** 네 시　**144.** 새벽
145. 한밤중　**146.** 자정　**147.** 어떤　**148.** 어떻게　**149.** 무엇　**150.** 뭐

무슨	何の	(151　　　) 일이세요?	何の御用ですか?
언제	いつ	(152　　　) 수업이 시작돼요?	いつ授業が始まりますか?
		(153　　　) 같은 일을 합니다.	いつも同じことをしています。
		(154　　　) 오세요.	いつでもいらしてください。
		(155　　　) 가고 싶어요.	いつか行きたいです。
얼마	どのくらい	얼마예요?	いくらですか?
어디	どこ	(156　　　) 서 왔어요?	どこから来ましたか?
어느	どの	(157　　　) 사람이에요?	どの人ですか?
		(158　　　), 친구가 왔어요.	ある日、友達が来ました。
		(159　　　) 봄이 왔어요.	いつの間にか春が来ました。
누구	誰	(160　　　) 세요?	どなたですか?
		(161　　　) 있어요?**	誰がいますか?

＊＊助詞「가」がつくと「누가」と縮約される

35 副詞・接続詞

Lesson 3　p.29　　**Lesson 15**　p.126　　**Lesson 24**　p.200
Lesson 5　p.46　　**Lesson 21**　p.172

（1）「とても」に当たる副詞

아주　とても、すっかり　比較的客観的
（162　　　） 재미있어요.　とても面白いです。

너무　あまりに（～すぎる）　後ろに否定を伴うのが本来の用法
（163　　　） 비싸서 못 샀다.　高すぎて買えなかった。（本来の用法）
（164　　　） 맛있어요.　　　おいしすぎます。（最近の用法）

몹시　ひどく、大層、いやに　否定的な文脈で使われることが多い
（165　　　） 추운 날　やけに寒い日

매우　うんと、至って　困難なこと、簡単なこと両方に使われることが多い
（166　　　） 쉬운 게임　至って簡単なゲーム

무척　大変、非常に　比較的肯定的な文脈で使われることが多い
그 사람은 (167　　　) 좋은 사람입니다.　その人はとても良い人です。

---

151. 무슨　**152.** 언제　**153.** 언제나　**154.** 언제든지　**155.** 언젠가　**156.** 어디　**157.** 어느　**158.** 어느 날
159. 어느새　**160.** 누구　**161.** 누가　**162.** 아주　**163.** 너무　**164.** 너무　**165.** 몹시　**166.** 매우　**167.** 무척

엄청나게　ひどく、途方もなく　主に否定的な文脈で使われることが多い
(¹⁶⁸　　　) 많은 피해　とんでもなく多くの被害

굉장히　ものすごく、実に　主に肯定的な文脈で使われることが多い
(¹⁶⁹　　　) 예쁜 고양이　実にきれいな猫

대단히　大変に、素晴らしく　감사하다と共に使われることが多い
(¹⁷⁰　　　) 감사합니다．心から感謝いたします．

(2) 接続詞

<順接>				
그리고 (¹⁷¹　　　) 그래서	そして 従って だから	그렇다 (¹⁷²　　　)	それなら 故に	
<逆接>				
하지만 (¹⁷³　　　)	でも (後に好ましい内容が続く場合も使える) それでも	그렇지만 (¹⁷⁴　　　)	しかしながら (後には好ましくない内容が多い) しかし	
<並列>				
또 또한	また (또는で「または」) なおかつ	(¹⁷⁵　　　) (¹⁷⁶　　　)	及び (文語的) そのうえ、しかも	
<選択>				
(¹⁷⁷　　　)	あるいは	(¹⁷⁸　　　)	でなければ	
<説明・添加>				
즉 다만	すなわち (文語的) 単に、ただし	(¹⁷⁹　　　)	なぜなら	
<転換>				
(¹⁸⁰　　　) 그런데	では ところで	그러면 (¹⁸¹　　　)	それでは そういえば (口語的)	

168. 엄청나게　**169.** 굉장히　**170.** 대단히　**171.** 따라서　**172.** 때문에　**173.** 그래도　**174.** 그러나
175. 및　**176.** 더구나　**177.** 혹은　**178.** 아니면　**179.** 왜냐하면　**180.** 그럼　**181.** 하긴

（3）中級で覚えておきたい副詞

		(^{184})	幸い
무사히	無事に	많게는	多い方では
(^{182})	少なくとも	(^{185})	果たして、なるほど
꽤	かなり、なかなか	(^{186})	よく、しばしば
심지어	甚だしくは	드디어	ついに
(^{183})	やむなく	마침내	ついに
급기야	あげくの果てに		

36 目 的   Lesson 12 p.102

（1）名詞＋를/을 위해（서）　〜のために

우승을 (^{187}　　　) 하는 연습　優勝のためにする練習

（2）動詞語幹＋기 위해（서）　〜するために

우승하 (^{188}　　　) 하는 연습　優勝するためにする練習

37 婉 曲   Lesson 10 p.86
　　　　　　　　Lesson 22 p.181

動詞・存在詞語幹＋는데　〜するのに、〜だが
形容詞・指定詞語幹＋ㄴ/은데　〜なんだけど

　口語で、婉曲や前置きの意味で用いられることが多い表現。形容詞・指定詞の場合は、「-ㄴ데/-은데」となる。

서울에 (^{189}　　　) 만날 수 있어요?　ソウルにいるんですが、会えますか？
노력 (^{190}　　　) 못 했어요.　　　努力したけど、できませんでした。
(^{191}　　　) 좀 비싸요.　　　　きれいだけどちょっと高いです。

---

182. 적어도　**183.** 부득이　**184.** 다행히　**185.** 과연　**186.** 흔히　**187.** 위해(서)　**188.** 기 위해(서)
189. 있는데　**190.** 했는데　**191.** 예쁜데

覚えておきたい四字熟語

よく使われる、覚えておきたい四字熟語を紹介します。日本語とよく似ていますから難しくありません。ただ音が日本語の印象と大きく変わりますので、声に出して確認してみてください。本文中にも、何度も故事成語・四字熟語が出てきています。ひとつひとつ、覚えていきましょう。

※ p.71、86、101、111、133、140 も参照。

<日本語をそのまま韓国語音で読むもの>

日本語	ハングル
言語道断	언어도단
荒唐無稽	황당무계
温故知新	온고지신
四面楚歌	사면초가

日本語	ハングル
臨機応変	임기응변
竜頭蛇尾	용두사미
自業自得	자업자득
我田引水	아전인수

<日本語と少しだけ違うもの>

日本語	ハングル	韓国語の漢字表記
漁夫の利	어부지리	漁夫之利
竹馬の友	죽마고우	竹馬故友
蛍雪の功	형설지공	螢雪之功
不撓不屈	백절불굴	百折不屈
十中八九	십상팔구	十常八九*

＊十中八九（십중팔구）ともいう

<日本ではなじみのないもの>

ハングル	韓国語の漢字表記	意味
고진감래	苦盡甘來	苦あれば楽あり
기진맥진	氣盡脈盡	へとへとに疲れること
노발대발	怒發大發	ぷんぷん怒ること
다다익선	多多益善	多ければ多いほどよいこと

<日本語のように読み下さないもの>

日本語	ハングル	韓国語の漢字表記
一脈相通じる	일맥상통	一脈相通
門前市をなす	문전성시	門前成市
災い転じて福となす	전화위복	轉禍爲福
好事魔多し	호사다마	好事多魔
過ぎたるは及ばざるがごとし	과유불급	過猶不及

使いたいことわざ20

　ここでは、よく使われるものを20個挙げました。ひとつひとつを、情景を思い浮かべながら覚えてみましょう。p.78も参照してください。

■ 둘이 먹다 하나가 죽어도 모른다 ＜2人で食べていて1人が死んでも気がつかない＞
　非常においしい様を言います。何と激越なことわざでしょうか。しかしこれを知ってしまうと、「ほっぺたが落ちそう」では物足りなくなってしまいます。一度使ってみるべし。

■ 시장이 반찬이다 ＜空腹がおかず＞
　시장は「市場」もありますが、ここでは「空腹・ひもじさ」。반찬は「おかず」。おなかがすくと、何でもおいしく食べられるという意味です。

■ 하늘의 별 따기 ＜空の星取り＞
　空の星をつかむことは、ほとんど不可能なこと。大変難しいことを言います。

■ 범에게 날개 ＜虎につばさ＞
　「鬼に金棒」がぴったりです。「날개」が出てくることわざは、「옷이 날개라」も。こちらは「服がつばさだ」で、「馬子にも衣装」という意味です。

■ 엎친 데 덮친다 ＜倒れたところに覆いかぶさる＞
　これは辛いですね。「泣きっ面に蜂」がぴったりです。「설상가상 (雪上加霜)」＜雪の上に霜＞も。

■ 엎어지면 코 닿을 데 ＜倒れれば鼻がつくところ＞
　文字通り、「目と鼻の先」という意味です。

■ 소 잃고 외양간 고친다 ＜牛を失って牛小屋をなおす＞
　日本語では、「泥棒を捕らえてから縄を綯う」と言います。え、わかりませんか？　いわゆる「泥縄」です。

■ 물이 깊어야 고기가 모인다 ＜水が深くてこそ魚が集まる＞
　利益や徳のある場所には、人も自然に集まるという意味。日本語にも、「水積もりて魚集まる」ということわざがあります。

■ 까마귀 날자 배 떨어진다 ＜カラスが飛べば、梨がおちる＞
　まったく関係のない事柄をむりやり関連させること。

使いたいことわざ20

■ 새 발의 피 ＜鳥の足の血＞
　「すずめの涙」がぴったりです。同じ意味に「쥐꼬리만한」＜ねずみのしっぽほどの〜＞もあります。「쥐꼬리만한 월급（すずめの涙の月給）」などと使います。アイゴ！

■ 갈수록 태산 ＜行けば行くほど泰山＞
　「태산」は中国の山。「一難さってまた一難」という意味です。「태산」を使ったことわざには、「티끌 모아 태산」＜ちりをあつめて泰山＞もあります。「ちりも積もれば山となる」ですね。

■ 개구리 올챙이 적 생각 못한다 ＜カエルはおたまじゃくしのころのことを思い出せない＞
　昔の苦労を忘れて偉そうにふるまうことをいいます。

■ 수박 겉 핥기 ＜すいかの皮なめ＞
　すいかの皮をなめても、ちっともおいしくありません。「表面だけで判断して本質を理解しないこと」を言います。韓国の四字熟語では、「走馬看山（주마간산）」が近い意味になります。

■ 가는 날이 장날 ＜行った日が市の立つ日＞
　「友達を訪ねて行った日が市の日で会えなかった」というのが原義で、「折悪しく」。最近は「運よく」の意味で使われることもあります。

■ 불난 데 부채질한다 ＜火の出るところをあおぐ＞
　これはかんたんです。「火に油を注ぐ」ですね。

■ 낫 놓고 기역 자도 모른다 ＜鎌をおいてㄱの字も知らない＞
　ㄱの形をしている鎌を目の前にしながら、ㄱの字も知らない。「イロハのイも知らない」です。

■ 배보다 배꼽이 크다 ＜腹よりヘソが大きい＞
　読んで納得、「本末転倒（본말전도）」です。とぼけた味があって楽しくなりますね。

■ 하늘이 무너져도 솟아날 구멍이 있다 ＜天がくずれても這い出す穴がある＞
　窮地にも切り抜ける方法が必ずある、あきらめてはいけないということわざです。

■ 콩 심은 데 콩 나고 팥 심은 데 팥 난다
　＜大豆を植えたところに大豆がなり、小豆を植えたところに小豆がなる＞
　ある行いには、当然の結果が伴う意味で、「因果応報」に相当します。韓国語でも、「인과응보」ともいいます。

■ 우물 파도 한 우물을 파라 ＜井戸を掘るにも一つの井戸を掘れ＞
　なんであれ、こつこつと続ければきっと成功する、ということわざで、日本語なら「石の上にも三年」に当たります。

暗記と整理のための必須単語集

　各Lessonに出てきた単語のうち、主なものを品詞別に整理しました。ごく基本的な単語は除外しています。濃音・激音、ㅓㅗの区別、ㅁㄴㅇの区別などを注意しながら、ひとつひとつ覚えていきましょう。注意したい発音変化や、変則活用は、備考欄に示してあります。＜입으로 귀로 손으로 눈으로＞を合言葉に、口を動かし、耳で聞き、手を動かし、目に焼き付けて、全単語制覇にチャレンジしてください。화이팅！

単語	意味	Lesson	備考（空欄には例文を書いてみましょう）
名詞			
가정	家庭	24	
각지	各地	1	
간식	間食、おやつ	19	
간판	看板	17	
감기	風邪	14	
감정	感情	23	
값	値	21	［갑］
강당	講堂	6	
개나리	レンギョウ	2	
게임	ゲーム	17	通常［께임］と発音される
결과	結果	4	
공기	空気	9	
과학	科学	11	
광복절	光復節	7	
교육학	教育学	4	
교정	校庭	2	
궁	王宮	5	
그릇	うつわ	15	
극장	劇場	17	
글자	文字	11	
기말	期末	22	
끝	終わり	16	
나이	年齢	15	
날씨	天気	4	
냄비	鍋	18	
농부	農夫	19	
농촌	農村	19	
능력	能力	12	［능녁］

단풍	紅葉	8	
단풍놀이	紅葉狩り	12	
대부분	大部分	6	
대사	台詞	13	
도시락	弁当	9	도시락을 싸다（弁当を作る）
딸	娘	8	
렌즈	レンズ	20	
마음	心	17	
마지막	最後	16	
만세	万歳	16	
만화	漫画	12	[마놔]
모레	明後日	5	
모습	姿	19	
몸무게	体重	8	몸（体）＋무겁다（重い）の派生語
문화재	文化財	5	
미소	微笑	6	미소 짓다
박력	迫力	17	[방녁]
반도	半島	7	
반찬	おかず	24	
방	部屋（房）	17	
방학	学校の長期休暇	7	
백성	農民（民）	11	
보통	普通	24	
복	福	15	
본전	元手	20	
부담	負担	21	
분수	噴水	10	
분위기	雰囲気	6	
빈도	頻度	13	
뿔테	角製（メガネのセル枠）	20	
사각	四角	20	
사실	事実／実は	3	
새해	新年	15	
서로	お互い	23	
선배	先輩	2	
설날	旧正月	15	[설랄]
소리	声・音	13	
소식	消息、知らせ	8	
소풍	遠足	21	
수업	授業	1	
숟가락	さじ、スプーン	24	

스키장	スキー場	1	
스포츠	スポーツ	1	
시골	田舎	19	
시설	施設	17	
신용 카드	クレジットカード	20	
실력	実力	13	
쌍둥이	双子	8	
아들	息子	8	
안경	眼鏡	20	
어른	大人	15	
어린이	子供	7	
어휘	語彙	13	
얼굴	顔	6	
연예	芸能	13	
오래간만	久しぶり	5	
올해	今年	1	
요즘	最近	16	
용기	勇気	16	
유럽	ヨーロッパ	1	
음향	音響	17	
의미	意味	15	
이전	以前	6	
이제	今、今や	23	
일손	人手、仕事の手	19	[일쏜]
입학식	入学式	2	
작품	作品	17	
잠시	しばらく	9	
전국	全国	1	
전망	見込み	7	
절대	絶対	22	[절때]
젊은이	若者	7	
점심	昼食	9	
정성	真心	14	
정신	精神	16	
주말	週末	10	
주민	住民	8	
줄	術(すべ)	15	
줄	〜本(助数詞)	21	
지금	今	3	
지역	地域	8	
직장	職場	4	

暗記と整理のための必須単語集

참기름	ごま油	24	참 (ごま) + 기름 (油) の複合語
채팅	チャット	17	채팅하다 (チャットする)
처음	初め	5	
천국	天国	21	
체력	体力	19	
체육관	体育館	2	
총칼	銃刀	16	
친구	友達	1	
친근감	親近感	23	
태극기	太極旗	16	
팔짱	腕組み	23	팔짱 끼다 (腕組みをする)
폭포	滝	10	뽀뽀はキスの意なので発音注意
풍경	風景	19	
피서객	避暑客	7	
학자	学者	11	
해	年	2	
해수욕장	海水浴場	7	
행락지	行楽地	7	[행낙찌]
헌병	憲兵	16	
형	～型	20	
혼자	独り	14	혼자서 (独りで)
화면	画面	17	
화제	話題	8	
후배	後輩	2	
副詞			
가장	最も	17	
갑자기	突然	14	
그다지	それほど	3	
꾸준히	根気よく	12	
나날이	日ごとに	13	
드디어	ついに	16	
막	～したばかり	19	
먼저	まず	18	
물론	もちろん	8	
배불리	たらふく	21	배 (가) 부르다 (腹がいっぱいだ) の派生語
별로	別に	18	
빨리	早く、速く	1	빠르다 (速い) の派生語
새로	新しく	20	새롭다 (新しい) の派生語
서서히	だんだん	23	
아주	とても	1	
아직	まだ	22	

열심히	一生懸命	8	[열씨미]
우선	まず	5	
전혀	全く	15	
참	とても	9	
천천히	ゆっくり	20	
특히	特に	7	
함께	一緒に	11	
動詞			
감상하다	鑑賞する	17	
강의하다	講義する	22	[강이하다]
거행하다	挙行する	2	
걸리다	(時間が) かかる	5	自動詞걸다 (かける)
겹치다	重なる	22	
고르다	選ぶ	13	르変則 골라서
고생하다	苦労する	14	
기다리다	待つ	8	
기뻐하다	喜ぶ	8	기쁘다 (嬉しい)の派生語
끓이다	沸かす	18	[끄리다]
끝나다	終わる	2	[끈나다]
끼다	はさむ	23	
내려가다	下る	5	내리다 (降りる)+가다 (行く)の複合語
내리다	降りる／降る	1	
넘다	超える	7	[넘따]
넣다	入れる	18	
놀다	遊ぶ	5	ㄹ語幹　노는~
높이다	高める	13	높다 (高い)の派生語
느끼다	感じる	21	
늘어가다	伸びる	13	늘다 (増える)の派生語 ＝ 늘어나다
다녀오다	行ってくる	19	다니다 (通う)+오다 (来る)の複合語
달리다	走る	12	
대비하다	備える	13	
독립하다	独立する	16	[동니파다]
두려워하다	恐れる	16	두렵다 (恐ろしい)の派生語
등장하다	登場する	21	
따라가다	ついていく	16	따르다 (追う)の派生語
뜨이다	目につく	17	
마중 나가다	迎えに行く	5	
마치다	終える、済む	22	
맞이하다	迎える	7	맞다 (合う)の派生語
맞추다	合わせる	20	맞다 (合う)の派生語
모이다	集まる	6	他動詞모으다 (集める)

배우다	習う	11	
벗다	脱ぐ	2	[벋따] ㅅ変則ではない 벗은~
베끼다	書き写す	22	
보내다	送る／過ごす	1	
보이다	見える	13	보다 (見る) の派生語
볶다	炒める	18	[복따]
부르다	歌う、叫ぶ	16	르変則　불러서
불리다	呼ばれる	16	부르다 (呼ぶ) の派生語
붐비다	混雑する	7	
붓다	注ぐ	18	[붇따] ㅅ変則 부은~
사용하다	使用する	13	
생각하다	考える	11	[생가카다]
섞다	混ぜる	24	[석따] 自動詞섞다 (混ざる)
설치하다	設置する	17	
성공하다	成功する	10	
소개하다	紹介する	13	
수입하다	輸入する	20	
수확하다	収穫する	19	[수화카다]
쉬다	休む	9	
슬퍼하다	悲しむ	8	슬프다 (悲しい) の派生語
실행하다	実行する	2	
싫어하다	嫌う	15	[시러하다]
싸다	包む、(弁当を) 作る	9	
알리다	知らせる	11	알다 (知る) の派生語
약속하다	約束する	4	
연구하다	研究する	22	
연기하다	延期する	22	
오르다	上る、登る	9	르変則　올라서
올라가다	上る	9	오르다 (上る) の派生語
완성하다	完成する	7	
외치다	叫ぶ	16	
이끌다	率いる	16	ㄹ語幹　이끄는~
이어지다	つながる	7	
이용하다	利用する	13	
익숙하다	慣れる	23	
잇다	結ぶ	7	[읻따] ㅅ変則　이은~
잊다	忘れる	13	[읻따]
전공하다	専攻する	4	
정하다	定める	16	
제정하다	制定する	11	
제출하다	提出する	22	

존경하다	尊敬する	16	
졸업하다	卒業する	6	
즐기다	楽しむ	7	즐겁다 (楽しい) の派生語
지각하다	遅刻する	22	
짓다	作る	6	[짇따] ㅅ変則　지은~
참석하다	参席する	2	
창조하다	創造する	11	
찾아오다	訪れる	7	
체포하다	逮捕する	16	受身체포되다 (逮捕される)
체험하다	体験する	19	
취직하다	就職する	4	
태어나다	生まれる	8	
통역하다	通訳する	23	
퍼지다	広がる	16	
포함하다	含む	20	
표현하다	表現する	23	
피다	咲く	2	
할인하다	割引する	12	
합격하다	合格する	4	
해내다	やり抜く	19	
환영하다	歓迎する	2	
휘날리다	振る	16	
形容詞 (日本語の形容動詞を含む)			
간단하다	簡単だ	24	
건강하다	健康だ	8	
깨끗하다	きれいだ	5	[깨끄타다]
낯설다	見慣れない	23	[낟썰다] 対義語：낯익다 顔なじみだ [난닉따]
다르다	異なる	6	
맑다	澄む	9	[막따]
멋지다	素敵だ	10	
무덥다	蒸し暑い	7	ㅂ変則　무더운~
무섭다	怖い	16	ㅂ変則　무서워서
부럽다	うらやましい	16	ㅂ変則　부러워서
상쾌하다	さわやかだ	9	
수많다	数多い	16	[수만타]
시원하다	涼しい	7	
쑥스럽다	気恥ずかしい	23	ㅂ変則　쑥스러운~
아름답다	美しい	10	ㅂ変則　아름다워서
어울리다	似合う	20	
엄숙하다	厳粛だ	6	
위험하다	危険だ	22	

暗記と整理のための必須単語集

유명하다	有名だ	7	
차분하다	落ち着いている	20	
춥다	寒い	1	ㅂ変則 추운～
친밀하다	親密だ	23	
친하다	親しい	23	
훌륭하다	素晴らしい	11	

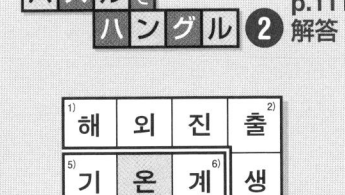

パズルでハングル❶ p.71 解答

침	소	기	의	학
소	마	이	동	풍
봉	성	침	공	전
대	동	소	이	등
문	구	발	곡	화
나	이	심	전	심

(例)

麻	中	安	川	人
乱	不	心	一	美
刀	日	立	石	方
快	進	命	二	八
学	月	風	鳥	花
新	歩	楽	音	山

パズルでハングル❷ p.111 解答

1)해	외	진	2)출
5)기	온	6)계	생
자	지	단	신
4)도	철	속	3)고

1)
風前(の)灯火　（풍전등화）
針小棒大　　（침소봉대）
大同小異　　（대동소이）
異口同音　　（이구동성）
同工異曲　　（동공이곡）
意気消沈　　（의기소침）
馬耳東風　　（마이동풍）

2)
日本語	韓国語
(八方美人)	(팔방미인)
(一石二鳥)	(일석이조)
(花鳥風月)	(화조풍월)
(安心立命)	(안심입명)
(快刀乱麻)	(쾌도난마)
(一心不乱)	(일심불란)
(日進月歩)	(일진월보)

1)海外進出
2)出生申告
3)高速鉄道
4)陶磁器
5)気温計
6)階段
7)単に
四字熟語
温故知新（온고지신）

237

次のステップ、そして生涯学習に向けて
──── あとがきにかえて ────

　みなさん、よくぞここまでたどり着きましたね。축하합니다．
　みなさんが私の教室から卒業していくようで、さびしい気がします。
　卒業式のあとの担任のお別れメッセージではありませんが、最後に本当に大事なことをみなさんにお話したいと思います。
　どうぞ、これからのみなさんの韓国語学習の目標や夢を思い描いてください。「韓国語でペラペラしゃべるようになる」というような曖昧なものではなく、次の検定試験の○級に必ず合格する、1年後通訳ガイド試験に合格する、2年後に翻訳本を出版する、家族をソウルに連れて行って案内するなど、具体的に夢を描いてください。
　そうなんです。韓国語学習は、学習のための学習ではなく、自己実現のための学習なのです。韓国語を生かして何をしたいのか、韓国語と日本語ができることによって、自分の人生の何が変わるのか、変えることができるのか……。韓国語学習は自己実現のためのわかりやすい一つのステップなのです。
　韓国語学習に終わりはありません。生涯学習です。今後ずっと韓国語学習を続けていくためには、韓国語だけではなく、何か特定の分野（ドラマ、歌、料理、旅行など）に関心を持つとよいと思います。特定のこだわりを持つと関心が持続しやすくなり、その関心がしだいに韓国人や韓国文化に対する愛着へと変化していきます。
　韓国語は夢を与えてくれる言語です。私自身韓国語から夢をたくさんもらいました。そして韓国語は英語学習では味わえなかった、外国語学習の喜びを教えてくれます。
　韓国語学習によって毎日が楽しくなります。この本を終えられた方は、同志です。みなさん、韓国語学習を生涯学習とし、夢を持って勉強を続けていきましょう。
　さあ、上級へのスタートです。
　上級へステップアップするには、何より量が必要です。成長期の子どもがご飯をぱくぱくと食べるように、韓国語をどんどん読んで、聞いて、話してください。ご

あとがきにかえて

　飯を一粒ずつ食べるような食べ方では、栄養が足りず健全な体が育たないのと同じで、韓国語の力も、貪欲な食欲、つまり好奇心によって成長していきます。
　量をこなすには、新聞やニュースが最適です。インターネットを利用すれば、韓国の新聞やニュースを原文で視聴できます。便利なインターネットを利用しない手はありません。
　書籍では、上級と銘打っている本はそう多くありませんが、私が執筆した『韓国語上級演習ノート』（白帝社）をまず手に取ってください。この本の「上級への道」という学習エッセイには上級学習のためのエキスがぎっしり詰まっています。また私のホームページ（http://homepage1.nifty.com/maedata/）も参考にしてください。
　次は上級クラスでみなさんとお会いできる日を楽しみにしています。

　本書は、雑誌『韓国語ジャーナル』に、『基礎筋力増強ドリル』として連載したものを大幅に書き改めたものです。連載時からお世話になった、ペ・ジョンヨルさん、中山ゴーシュさん、そして単行本化するにあたり、編集の労をとってくださった栗原景さん、楽しげな本に仕上げてくださったデザイナーの宗像香さん、正確な発音でナレーションしてくださった李泓馥さん、林周禧さんに感謝申し上げます。
　イラストレーターの原田祐仁子さん、素敵なイラストを描いてくださり、本当にありがとうございます。授業をしているような臨場感が生まれました。
　スクリプトの作成やネイティブチェックとして蘇珍伊さん、裵孝承さんにお世話になりました。お礼申し上げます。
　本書の制作に関わってくださった全ての方、そして、なによりもこの本を書店で手にとってくださったみなさんに、心から感謝いたします。대단히 감사합니다．

2009年2月20日
前田真彦

前田真彦（まえだ ただひこ）

1964年生まれ。富山大学人文学部朝鮮語朝鮮文学コース卒業。大阪外国語大学大学院博士前期課程修了。関西大学大学院博士後期課程単位取得後退学。専攻は韓国語教育学、韓国語音声学。21年間民族学校白頭学院に奉職。2010年4月にミレ韓国語学院を立ち上げ、全国規模で通信添削講座を展開している。

〈お知らせ〉
「前田式」の授業をもっと受けたい方は、インターネットで「ミレ韓国語学院」を検索してください。教室と通信添削で「入門」「中級」「上級」「韓国語能力試験合格講座中級・高級」「通訳翻訳基礎・応用」「通訳ガイド」など多様な講座を開設しています。
http://mire-k.jp/
E-mail：info@mire-k.jp
韓国語学習に関するミレの動画チャンネル：https://www.youtube.com/user/maedata2

前田式韓国語中級文法トレーニング

発行日　2009年3月17日（初版）
　　　　2019年1月15日（第10刷）

著者／前田真彦
編集／栗原景
デザイン（表紙・CDレーベル）／中村力
デザイン（本文）・DTP／宗像香（デザイン工房宗像）
イラスト／原田祐仁子
ナレーション／李泓馥、林周禧
録音・編集／中録サービス株式会社
CDプレス／株式会社ソニー・ミュージックコミュニケーションズ
印刷・製本／図書印刷株式会社

発行者／田中伸明
発行所／株式会社アルク
〒102-0073　東京都千代田区九段北4-2-6　市ヶ谷ビル
TEL：03-3556-5501　FAX：03-3556-1370
Email：csss@alc.co.jp
https://www.alc.co.jp
製品サポート：https://www.alc.co.jp/usersupport/

落丁本、乱丁本の場合は、弊社にてお取り替えいたしております。弊社カスタマーサービス部（電話：03-3556-5501　受付時間：平日9時〜17時）までご相談ください。本書の全部または一部の無断転載を禁じます。著作権法上で認められた場合を除いて、本書からのコピーを禁じます。

©2009 Tadahiko Maeda ／ ALC Press Inc. Printed in Japan. PC：7009016 ISBN：978-4-7574-1553-9